KB193433

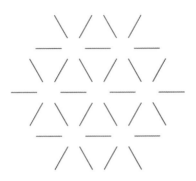

꿀벌,

절대 실패하면 안 되는
100년짜리 실험의 시작

정지원·염선형

AI 그리고 브랜드

미래의창

절대 실패하면 안 되는 100년짜리 실험

> 최고의 시절이자 최악의 시절, 지혜의 시대이자 어리석음의 시대
> 였다. 우리 앞에는 무엇이든 있었지만 한편으로 아무것도 없었다.
> 우리는 모두 천국 쪽으로 가고자 했지만 우리는 다른 방향으로 걸
> 어갔다.
>
> _《두 도시 이야기》, 찰스 디킨스

프랑스혁명을 앞둔 18세기말 혼돈의 시대상과 지금은 명백히 다르겠지
만 이 문장은 기후위기 시대를 사는 현재를 묘사한 것이라고 해도 전혀
이상하지 않다. 현대의 삶이 추구하는 최고의 편리와 풍요가 동시에 현
재의 기반을 무너뜨리고 있는 주범인, 모순의 시대를 살고 있기 때문이
다. 가장 맛있는 것을 가장 잔인한 방법으로 즐기고, 필요를 넘어선 수많
은 옷을 사곤 그중 절반은 버리고, 매일 AI와 대화하며 방대한 데이터를

놀라운 속도로 사용하면서 기후변화를 걱정하는 것처럼 말이다.

이런 라이프스타일이 당연해지기까지 브랜드도 많은 기여를 했다. 글로벌 광고회사 덴츠DENTSU의 1970년대 마케팅 전략인 '전략 10훈'은 당시 소비자들의 수요를 창출하기 위한 지침으로 활용되었다는데, 열 개의 핵심 전략은 1) 더 사용하게 하라, 2) 버리게 하라, 3) 낭비하게 하라, 4) 계절을 잊게 하라, 5) 선물을 하게 하라, 6) 세트로 사게 하라, 7) 계기를 만들어라, 8) 유행에 뒤떨어지게 하라, 9) 부담 없이 사게 하라, 10) 혼란스럽게 하라,이다.

이는 우리가 어떤 과정으로 성장해왔는지를 돌아보게 한다. 기업이 쌓아온 혁신의 결과물들은 소비자들의 욕망과 닿아 있다. 어떤 것이 먼저라고 할 것도 없이 서로 영향을 주고받으며 발전해 결국 비약적인 성장과 막대한 낭비의 역사로 남았다.

까다로운 소비자, 보이콧 시대를 열다

전략 10훈에 이끌려 대소비 시대를 살아왔던 소비자들도 변화하고 있다. 소셜미디어 시대가 열리면서 기업의 경영자들은 주주보다 더 까다로운 대상을 상대하게 되었다. 바로 민감해진 소비자들이다. 그들은 보이콧 시대를 열었다. 영국의 감자칩 1위 브랜드 본사에 재활용되지 않는 감자칩 포장지를 일일이 우편물로 보내 업무를 마비시키고, 노 재팬No Japan 운동 때는 일본 자본의 비율이 높은 기업들을 불매하고, 경찰의 과잉 진압으로 미국 흑인 남성이 사망하는 사건으로 인해 미 전역에서 '흑인의 삶도 소중하다Black Lives Matter'는 외침이 커질 때 매장 직원들의 동참을 막은 스타벅스는 뭇매를 맞았다. 브랜드의 방관이나 중립은 소비자의 분노를 부른다. 소비자들은 이 시대에 필요한 브랜드와 그렇지 않은 브랜드를 까다롭게 선별하고 요구한다. 기후위기에 대한 소비자들의 반응이 아직까지는 급진적이진 않지만 기후변화가 악화될수록, 불안의 체감이 강해질수록 더 민감해질 것이라는 점은 분명하다.

브랜드, 시도보다는 실험에 집중할 때

실험. 이 책에서 이 단어에 집착한 이유는 단 하나, 기후위기 시대에 브랜드가 취해야 하는 태도를 압축해주기 때문이다. 그냥 시도하는 것은 도움이 되지 않는다. 정확한 의도와 목적이, 합리적인 추론과 가설이, 기대할 수 있는 효과가 검증된 재료와 방식이 필요하다. 실험은 이 모든 것을 내포하는 일이다.

이 책은 몇 건의 지속가능 브랜딩 프로젝트를 하면서 시작되었다. 한 기업이 지속가능성을 실험한다는 것은 생각보다 큰 변화를 의미했다. 회사가 지향해온 핵심 가치와 존재 의미를 다시 정의해야 하는 일이기도 했다. 화석원료를 중심으로 해온 사업의 큰 축이 이동하는 일이었다. 기존 사업을 유지하면서 지속가능성의 축을 추가하는 경우에는 조직적으로 혼란이 예상되기도 했다. 그러한 일련의 프로젝트들을 진행하면서는 기후위기를 둘러싼 국내외 브랜드들의 변화를 기록하기 시작했고 그 기록은 이 책의 재료가 되었다. 넷제로 목표를 실현했다거나 ESG 평가기관들의 기준을 완벽하게 만족시킨 사례만 다룰 수는 없었다. 그런 브랜드는 아직 존재하지 않기 때문이다. 위기를 해결하고자 실험을 시작한 브랜드들이 변곡점에서 품은 생각, 그리고 다양한 과정들을 기록해보려 노력했다.

많은 브랜드들의 실험이 있었지만 그 어떤 사례보다 더 와닿았던 것은 네덜란드 작은 도시에서 꿀벌들에게 침대와 아침을 제공한 꿀벌 호텔 실험이었다. 이 실험이 인상적이었던 이유는 거창하거나 심각하지 않게 일상 속에서 해결책을 찾은 친근함, 그리고 특유의 협업모델 때문이다. 꿀벌의 개체 수 급감에 대한 대책으로 네덜란드가 국가 차원으로 실행한 정책은 70가지 이상이었고, 하나하나 모두 친근하고 구체적이다. 이른바 '국가꿀벌전략National Pollinator Strategy'은 정부 기관, 농민, 학계, NGO, 지역단체 등의 이해관계자들이 협력하고, 반드시 이행하겠다는 서약commitment의 형식을 취하고 서로 모니터링하는 협업 모델이다. 꿀벌들이 서로 신호를 주고받으며 강력한 협업을 하듯이 네덜란드의 꿀벌 정책은 무려 40여 개의 관계자들이 각자의 역할을 분담하고 협업해 인상적인 결과를 만들었다. 벌통 하나가 한 생명처럼 움직여 분업하고 먹이를 수집하고 공동 양육하고 군체를 번성시키는 꿀벌의 특징 중 하나인 초유기체superorganism처럼 말이다.

서로 의존하고 이익이 되는 관계로, 공진화할 결심

책이 다루는 주제의 결론을 고민하면서 '공진화Co-evolution'의 개념과 연결한 것도, 우리가 가야 할 길이 혼자 가기 어려운 길이라고 느꼈기 때문이다. 공진화란 서로 다른 주체가 영향을 미치며 진화해가는 과정을 의미한다. 여기에서 중요한 것은 서로 '의존'하면서 모색한다는 점, 그리고 서로에게 '이익'을 주는 관계가 된다는 점이다. 기후위기 시대의 브랜드들에게는 근거 없는 낙관도, 음모론에 기댄 현실 부정도, 나 하나만 희생하겠다는 과한 이타주의도 바람직한 태도가 아니다. 브랜드 스스로 기후위기 해결을 고민하되, 각자의 관점을 넓혀 다양한 관계 속에서 해법을 찾아, 서로 의존하고 서로에게 이익이 되는 관계로 진화시켜 나가는 것, 즉 '공진화할 결심'이 필요하다고 생각했다. 꿀벌이 꽃을 돕고 꿀을 얻는 신비로운 과정처럼 말이다.

《맥락을 팔아라》 출간 후 7년이 지났다. 당시에는 '모든 것이 미디어가 되어버린' 변화를 이야기했지만, 지금 우리의 삶을 바꾸는 가장 큰 변화는 단연 AI다. AI로의 전환이 더는 피할 수 없는 현실이 되고 있는 지금, 엄청난 전력을 발생시켜 기후위기와 대척점에 있을 것이라고 여겨지는 AI 역시 기후위기 해결을 위해 함께 가야 하는 분야다. AI는 분야를 가리지 않는 수평적 기술이다. AI가 기후문제 해결과 에너지 전환에도 기여할 수 있는 로드맵을 그릴 수 있도록, 브랜드의 실험이 필요하다.

혼란한 시대에 가치를 결정하는 건 여전히 맥락이다. 중요한 건 시대의 맥락을 이해한 좋은 질문과 부지런한 실험, 그리고 시의적절한 커뮤니케이션이다. 변화는 이미 시작됐고 기후위기 시대에는 타이밍이 전부다. 지금 이 순간에도 꿀벌은 사라져가고 있고, 미래를 움직일 권력이 되어버린 AI는 점점 더 우리의 일상을 채우고 있다. 아직 가보지 않은 길에 정답은 없기에 길게 바라보고 지혜를 모으는 수밖에 없다.

'100년짜리 실험을 하고 있고 절대 실패해서는 안 된다'는 파타고니아 이본 쉬나드의 말은 이 책을 기획하게 만드는 결정적 계기가 되었다. 파타고니아는 지속가능성의 대표 주자이지만 이런 절박한 마음으로 실험해왔다는 것은 또 다른 이야기였다. 또한 그와 가족들이 평생 이룬 전 재산을 기후문제를 해결하는 재단에 기부하겠다고 발표하며 이렇게 말했다. "파타고니아는 실패하면 안 된다는 절박한 사명감이 있어요. 우리가 평생 동안 지구와 환경을 위해 쏟았던 많은 자원이 한낱 실패한 사례로 남게 되기 때문이죠. 그런 일은 절대 없어야 한다고 생각해요." 우리 모두에게 해당하는 이야기일 것이다. 브랜드들은 각자가 품은 생각의 깊이와 크기에 기반해 실험을 하게 될 것이다. 아마도 소비를 극대화시킨 '전략 10훈'과 '파타고니아의 10가지 중요한 순간' 사이의 어딘가에서 말이다. 이 시대를 사는 브랜드에게 필요한 것은 50년, 혹은 100년이라는 장기적인 시각을 갖는 것, 그리고 이를 실천하며 끝없는 수정을 거쳐 진화하는 '실험'을 멈추지 않는 것 밖에는 없다. 기후위기가 뉴노멀이 된 시대를 살아가는 브랜드들이 겁먹지 말고 위축되지도 말고 스스로 이 세계에서 이루어지기를 바라는 '변화' 그 자체가 되기를 바라면서 말이다.

결론은 정해져 있다. 계속하기로. 그래서 이 책은 '기승전결' 중 '결結'에 해당하는 이야기부터 시작한다. 이미 실험이 시작된 영역과 계속 해야 하는 이유를 시작으로, 그 전轉환점에서 브랜드가 있는 현실을 2장에서 짚었다. 3장에서는 브랜드가 지금 당장 이어갈承 수 있는 실험 전략을 제시했다. 플라스틱 사용을 줄이는 것부터 새로운 시장을 여는 법까지, 각 브랜드 상황에 맞는 적합한 방식을 찾을 수 있을 것이다. 4장에서는 이야기의 시작이자 브랜드의 시작이기도 한 소비자, 지역사회, 기술, 데이터, 소통법 등 소비문화 변화를 이끌 방법들을 살핀다. 브랜드만의 일은 아니지만 브랜드라서 할 수 있다는 말을 확인할 수 있을 것이다.

똑같은 이야기도 읽는 사람에 따라 맥락이나 공감 포인트, 주인공보다 더 애정이 가는 인물 등이 다 다르다. '계속하기로' 결론은 내려놓았지만, 열린 결말로 느끼는 독자들도 있을 것이다. 이왕이면 우리가 해낼 수 있는 게 많아서, 해볼 만한 실험으로 느껴질 수 있으면 좋겠다. 그 여정에 이 책이 늘 이정표가 되어줄 수 있길 바란다.

Part 2. ✳ 전환轉_브랜드라서 할 수 있다

Part 4. ✳ 시작起_면 이야기를 현실로 가져오는 브랜딩의 시작, 공진화

Part 1

결론 結
,
결론은 정해져 있다,
계속하기로

경험의 실험
기후위기감, 느낀 만큼 달라진다

영국 런던의 테이트 모던 미술관에서 가장 큰 공간인 터빈홀에 태양이 떴다. 덴마크 설치 예술가 올라퍼 엘리아슨Olafur Eliasson이 단색광과 거대한 거울, 수백 개의 램프를 활용해 설치한 인공 태양이었다. 6개월 동안 전 세계 200만 명 이상의 사람들이 거대한 태양을 직접 경험하러 이곳을 방문했다. 그들은 인공 태양이 영향을 끼치는 넓은 공간에 압도되어 그저 멍하니 서있거나 눕거나, 요가하거나 춤을 추며 명상했다.

엘리아슨은 파리 한복판에 거대한 얼음 덩어리들을 갖다 놓기도 했다. 110톤의 거대한 얼음의 정체는 다름 아닌 빙하다. 그린란드 바다에 떠다니는 빙하를 런던 광장에 가져다 둔 것이다. 그린란드 바다에 있던 빙하가 파리 광장에 놓이자 사람들은 만지고 껴안고 얼굴을 맞대며 직접 느꼈다. 평범한 일상 속에서 파리 시민들은 빙하가 녹고 있다는 사실을 몸소 경험한 것이다.

〈Weather Project〉〈ICE WATCH〉라는 이름의 각 설치 미술 작품은 엘리아슨이 자연을 표현하는 방식과 태도를 잘 보여준다. 수동적으로 작품을 감상하는 차원을 넘어서, 기후위기를 하나의 정보로 받아들이는 현실을 넘어서, 기후위기 속 세상의 일부가 되는 사회적 경험을 제공한 것이다. '세상을 경험하는 방식을 바꾸면 세상이 바뀐다'는 작품 철학을 효과적으로 구현해 단순하고도 임팩트 있는 실험에 돌입했다. 관객들이 기후위기감을 직접 체험함으로써 관객들의 마인드도 바뀐다는, 결과가 아주 명백한 실험 말이다.

어디인지 알 수도 없는 먼 곳에서 빙하가 녹고 있다는 소식은 와닿지 않는다. 엘리아슨은 접하기 어려운 자연의 변화를 관객의 눈앞에 둔다. 현재 상황을 냉철하게 보여주지만 이를 실현하는 과정을 통해 변화의 가능성도 함께 제시한다. '상황을 바꿀 수 있다는 능력이 있다는 걸 믿을 때, 상황은 정말 바뀔 수 있다'는 그의 말처럼 위기감 조성으로 끝내는 것이 아니라 바뀔 수 있는 가능성을 보여주고자 실험한다. 관망적인 태도에서 벗어나 우리의 현실로 가져오는 변화의 메시지는 이 무모하고 대담한 실험을 통해서만 가능하다.

Weather Project, 2003
© Studio Olafur Eliasson

ICE WATCH, 2014
© Studio Olafur Eliasson, Photo.Martin Argyroglo

상황을 바꿀 수 있다는 능력이 있다는 걸
믿을 때, 상황은 정말 바뀔 수 있다.

올라퍼 엘리아슨, 덴마크 설치 예술가

역사상 가장 거대한 청소를 꿈꾼 18세 소년_오션클린업

한 소년이 시작한 실험도 있다. 18세 소년 보얀 슬랫Boyan Slat은 아름다운 풍경을 기대하고 그리스 바다에 다이빙했다가 눈앞에 떠다니는 플라스틱 쓰레기를 잔뜩 보게 되었다. 그는 해양 쓰레기 문제를 해결할 방법을 탐구하기 시작했다. 플라스틱 사용을 줄이고 쓰레기를 바다에 버리지 않는 것도 중요하지만, 눈에 보이는 해양 쓰레기를 치우는 것도 그에겐 시급했다.

학교에서 자유탐구 주제로 해양 쓰레기 수거 시스템 개발에 착수한 그는 몇몇 친구들과 함께 직접 프로토타입을 만들고, 북극해에 쓰레기 수거 장치를 가져가 실험했다. 보트가 없어 직접 수영하며 그물형 장치를 끌고 다니다 몸살이 나고, 기껏 만든 프로토타입이 물살을 이기지 못하고 부서지기도 했다.

그를 보며 여러 대학의 교수들이 이 실험에 참여했다. 과학자들로부터 좀 더 상세한 데이터를 얻고, 뜻을 함께하는 사람들과 머리를 맞댄 끝에 보얀 슬랫은 2013년 비영리단체 오션클린업Ocean Cleanup을 설립했다. 이 단체는 해류가 만나 소용돌이를 만드는 구역에 집중했다. 그중 가장 널리 알려져 있고 쓰레기가 밀집되어 있는 태평양 거대 쓰레기 지대에 오션클린업의 첫 번째 쓰레기 수거 장치 시스템001System001이 배치되었다. 인공지능 및 계산 모델링으로 쓰레기가 가장 많이 모여 있어 효과적으로 수집할 수 있는 장소를 찾아낸 후 고기잡이를 하듯 거대한 그물로 플라스틱을 모았다. 그물망이 가득 차면 선박으로 들어올려 쏟아내고, 컨테이너 박스에 밀봉했다. 포장된 플라스틱 쓰레기들은 대륙으로 보내져 제휴를 맺은 재활용 업체에 공급되거나 소각됐다. 처음에는 친구들과, 이후에는 과학자, 뜻이 맞는 행동가에 이어 기업까지 오션클린업에 참여하는 동료이자 고객이 된 것이다.

시스템001은 획기적인 아이디어였지만 명백히 실패했다. 그물이 찢어지기도 했고, 폐기물과 해양 생물을 구분하지 못해 남획하는 문제가 있었다. 전문가들은 오션클린업 프로젝트를 비판했고, 실효성에 의문을 제기했다. 선박과 장치 운영에 사용되는 에너지와 비용이 플라스틱 쓰레기를 수거하는 것보다 환경오염에 더 큰 영향을 끼친다는 지적이었다. '화석연료를 사용한다'는 비판에는 '탄소배출량을 상쇄하는 방식으로 해결하겠다'고 답했지만, 탄소배출량과 흡수량을 가치화하고 거래하는 탄

© Ocean Cleanup

2018년, 오션클린업의 첫 번째 쓰레기 수거 장치 시스템001이 바다에 설치되었다.

소크레딧 시스템 자체가 그린워싱 지적을 받는 현실에서, 그의 답변은 불충분했다.

하지만 시스템001의 실패는 보얀 슬랫에게 충격적인 사건은 아니었다. 몇 번의 실패와 개선으로 더 나은 방법을 찾는 게 중요했다. 오션클린업은 곧바로 '시스템002'를 출시했다. 2021년에 배치된 시스템002는 해양 생물을 포획하지 않도록 설계되었고, 해양 생물이 포획되더라도 스스로 탈출하거나 생존해 방류될 수 있도록 호흡구멍을 설치했다. 데이터 수집과 분석의 정밀도를 높여 이전보다 폐기물을 더 많이 수집할 수 있도록 보완했다. 2023년 8년까지 약 2년간 시스템002는 약 282톤의 폐기물을 수거했다.

어업 종사자들은 해양 생물을 싹쓸이 혼획하는 저인망 어업 방식을 증오한다. 이전과 동일한 시스템 002의 저인망 어업 방식 또한 바다를 훑어 생태계에 해가 될 수 있다고 우려한다. 특히 해양 생물학 전문가는 바닷물에 몸을 맡기고 살아가는 해파리, 군소, 플랑크톤들이 해양 폐기물 수거 그물에 포획되고, 이를 먹이로 삼는 거북이나 물고기들의 생존마저 위태로워지는 등 생태계 다양성에 대해 지적하기도 했다.[1]

보얀 슬랫의 태도는 한결같았다. 그는 전문가들의 적극적인 비판에 감사를 표하며, 해양 표면을 떠다니며 살아가는 생태계를 고려해 수거 시스템을 설계하겠다고 약속했다.

오션클린업은 인터셉터Interceptor 시리즈를 이어서 내놓았다. 그물망으로 쓰레기를 치운다는 기본 원리는 이전과 같았지만, 강에서 바다로 이어지는 구역에 설치하는 또 다른 실험이었다. 해양 쓰레기 중 대다수가

인도네시아 자카르타에 설치된 1세대 인터셉터001

© Ocean Cleanup

육지에서 강을 통해 유입되므로, 바다에 이르기 전 가로채는intercept 방식이었다. 이 역시 여러 번 실패했다. 오션클린업은 실패를 감추는 대신 그물망을 뚫고 흘러가는 쓰레기를 그대로 영상에 담아 공식 유튜브 채널에 업로드했다. 댓글창은 하나의 포럼이 되었고 추론과 의견이 오갔다. 여러 아이디어들을 바탕으로 개량된 인터셉터는 2024년까지 과테말라, 자메이카, 도미니카 공화국, LA, 인도네시아, 말레이시아, 태국, 베트남에 설치되었다.

해양 쓰레기를 최소화하려는 10년간의 움직임은 2024년 확실한 숫자로 드러났다. 2024년 4월 25일, 오션클린업은 1만 톤의 쓰레기를 수거했다고 밝혔다. 발표 시점에 시스템003은 약 400톤의 폐기물을 수거하며 인터셉터의 큰 역할을 증명했다. 두 달 뒤인 6월, 오션클린업은 모금을 위한 라이브 스트리밍을 통해 '태평양에서 100번째 쓰레기 수거'를 3시간 동안 생중계하기도 했다. 해당 라이브에는 2022년 오션클린업과 파트너십을 체결한 기아KIA의 프로젝트 매니저가 출연했다. 기아는 수거한 플라스틱을 전기차 생산에 활용하기로 했다. 파트너십을 맺은 또 다른 국내 기업인 현대글로비스는 해상 운송 인프라에 카메라를 부착해 해상 플라스틱의 위치나 규모와 관련된 데이터를 제공하고 있다.

많은 글로벌 기업들이 오션클린업에 지원금을 보내고 있다. 2023년까지 기업들의 후원금은 1억 달러에 달한다. 환경단체와 전문가들은 오션클린업이 기업들의 친환경적 변화를 이끌어내는 대신 돈이 많은 기업들이 친환경적으로 보이도록 꾸며내는 데 도움을 주고 있다고 비판한다. 이 비판은 유효하다. 실제로 세계에서 가장 큰 플라스틱 오염원이 코카콜라 컴퍼니이다. 코카콜라가 인터셉터 시스템에 엄청난 후원금을 보냈다고 해서 플라스틱 해양 오염에 대한 책임을 회피할 수는 없다. 다만 비판에서 끝내면 문제를 해결할 수 없다. 사라지는 말과는 달리 플라스틱 쓰레기섬은 지금도 바다에 엄연히 존재한다. 오션클린업은 시스템100까지 만들며 해양 쓰레기를 지능적으로 수거할 예정이다. 그 과정에서 발생하는 실패는 떳떳이 공개하며 요청한다. 더 좋은 생각과 기술이 있다면 얼마든지 참여하라고 말이다.

정해진 답이 없는 문제를 해결하기 위해서 브랜드가 해야 할 일은 다양한 실험들이다. '실험'이라는 단어가 말해주듯, 기후위기 시대의 실험 또한 가설을 확인하기 위해 다양한 조건하에 과학적으로 측정하고 변화를 기록하고 결론을 내는 일이다. 그 실험이 과감할수록 더 좋겠지만 일단 어떤 실험이든 '만약 이렇게 하면 어떻게 될까' 하는 가정IF으로 시작한다는 것을 기억해야 한다. 문제를 해결해가는 과정에서 행해진 시도는 모두 실험이다. 늘 그렇듯 모든 실험이 성공적일 수는 없다. 여러 브랜드가 수십 번의 실험을 거치며 새로운 배합과 새로운 촉매제로 조건들을 조절하며 실험을 계속하는 브랜드들이 등장하고 있다. 이들이 실험을 멈추지 않는 이유는 하나다, 위기는 분명하고 지금 당장 할 수 있는 일을 해야 하기 때문이다.

친환경 행보는 홍보가 아니라 다큐다_파타고니아

설치 예술가 엘리아슨이 보여준 파격적이고도 매력적인 접근, 오션클린업을 통해 보얀 슬랫이 이어가는 불완전하지만 끝없는 실험은 지속가능성을 고민하는 브랜드에게 영감을 준다. 딱 느끼고 아는 만큼만, 그 외의 군더더기를 모두 걷어내는 것이야말로 진심을 가장 잘 보여주는 것이라고 넌지시 알려주는 것 같다. 브랜드로 이야기하자면, 홍보 영상 대신 다큐멘터리를 보여주는 접근을 시도한 파타고니아를 들 수 있다.

파타고니아는 최근 자체 유튜브 채널에서 '쓰레기 시대The Shitthropocene'라는 46분짜리 다큐멘터리 영상을 선보였다. 'Shitthropocene'은 지구 환경에 인간의 활동이 큰 영향을 미친 지질학적 시기를 뜻하는 'Anthropocene(인류세)'와 '쓰레기'를 뜻하는 'Shit'을 결합한 용어로, 인류가 지구 환경을 얼마나 망치고 있는지를 강조한 표현이다. 이 다큐멘터리는 값싸고 쉽게 버려지는 제품에 대한 욕망과 자본주의가 어떻게 우리의 말초신경을 이용해 소비 충동을 일으키고, 그로 인해 과도한 쓰레기와 지구 황폐화를 초래하는지 여러 전문가의 이야기를 통해 보여준다.

뇌과학자, 역사학자, 복식전문가들의 이야기는 우리가 필요 이상의 물건을 소비하게 된 메커니즘, 루이14세까지 거슬러 올라가 패션 시즌을 열게 된 히스토리까지 알려준다. 중간중간 등장하는 파타고니아의 옷을 만드는 직원들의 인터뷰도 인상적이다. 모자를 재활용하는 과정, 파타고니아가 저지른 큰 실수들, 유기농 면화를 찾는 과정, 중국의 유기농 면화 공장의 환경이 공정하지 않다는 것을 파악하고 중단한 프로젝트, 그 이후 지속된 실험들 등을 낱낱이 이야기한다.

파타고니아는 '쓰레기 시대' 외에도 90편 이상의 다큐멘터리 영화를 제작하고 있다. 수익에 상관없이 모든 제작비를 부담하면서 완성도도 높였다. '퍼블릭 트러스트Public Trust'는 미국의 빅스카이다큐멘터리 영화제의

© Patagonia Korea

파타고니아 필름 '쓰레기 시대'

최우수 작품상을 비롯해 12개 영화제에서 수상했고, 발칸 반도의 강을 보호해야 한다고 주장한 '블루 하트Blue Heart'는 세계 3대 광고제 중 하나인 클리오어워즈의 필름 부분에서 대상을 수상했다. 파타고니아가 이런 영상을 만드는 기준은 단 하나다. '지구의 이야기를 대신할 수 있는가'.

알리는 것이 홍보라면, 다큐멘터리는 보여주는 것이다. 그저 사실에 근거해 잘 보여주는 것인데 더 큰 설득력이 생긴다. 파타고니아는 말 못하는 지구 대신 할 수 있는 모든 것을 다 하겠다는 행보를 다큐멘터리 영화를 통해 더 많은 이들에게 전한다. 그 모든 이야기는 파타고니아를 더 신뢰하게 하고 그들이 지속하려는 실험에 동의하게 만든다. 진심을 전하는 방식은 날 것일수록, 솔직할수록 더욱 강력한 것일지도 모른다.

기업의 실험
기후감성을 넓힐 때 달라진다

많은 브랜드와 기업은 이미 기후변화에 발맞춰 변화와 실험을 꾀해왔다. 우리가 자주 들었던 ESG만 해도 그렇다. 기업의 친환경 경영Environmental, 사회적 책임Social, 투명한 지배구조Governance를 실천하는 ESG는 경영 방법이자 기후위기에 따른 기업의 책임과 변화를 요구하는 목소리이기도 했다. 기업의 지속가능성을 실험하는 동시에 사회 전반의 지속가능성을 실험하는 마중물이었다. 하지만 시간이 흐를수록 '착한 기업이 되자'는 캠페인이나 패키지를 친환경으로 바꾸는 일이나 '교묘하게 짜낸 마케팅 전략'으로 의심부터 하게 된 것도 사실이다.

가까운 사례로, 얼마 전 세계를 놀라게 했던 디올 사건이 있다. 이태리 장인이 한 땀 한 땀 만들기 때문에 고가의 명품인 줄 알았는데, 아니었다. 법원 결정문을 보면 디올 가방은 최저 위생 기준에도 못 미치는 공장에서 중국인이 운영하는 하청업체 4곳에서 생산되고 있었다. 그곳에서 불법체류 이민자들은 휴일도 없이 24시간 근무하며, 작업 속도를 높이려 안전장치마저 제거된 환경에서 일해야 했다. 업체는 제작 대가로 디올 가방 소비자 가격의 2%도 안 되는 금액을 받았다는 놀라운 뉴스였다.

디올이 속한 LVMH그룹은 ESG 목표도 기준도 없는 조직이었을까? 그렇지 않다. 2012년부터 지속가능한 개발을 모든 LVMH 전략적 사업 계획의 필수 요소로 삼았고 2016년에는 2020년까지 환경 우수성을 가속화하기 위해 라이프 2020LIFE 2020 프로그램을 기획하기도 했다. 2020년에 LVMH는 목표를 달성하거나 때로는 초과 달성한 기록을 보유하고 있었다. 그뿐만 아니라 LVMH 산하 여러 브랜드의 공급업체들이 ESG 기준에서 환경친화적인 관행으로 전환할 수 있도록 지원하며 노력해왔다고 발표했다. 그런데도 이런 믿을 수 없는 사태가 벌어지기도 한다.

ESG가 아니라 목적에 대한 감각이다

'인류가 지옥으로 가는 문을 열었다', 2024년 6월 기후목표 정상회의에서 유엔사무총장 안토니오 구테흐스는 기후지옥a climate hell이라는 단어를 사용하며 화석연료를 둘러싼 이익과 탐욕을 지적했다. 이 경고는 본격적인 여름이 되기도 전인 6월에 이미 인도, 중국 등에서 50℃ 가까운 기온이 관측되면서 기록적 폭염을 예고한 시기였기에 더 와닿았다. 우리의 일상에서뿐만 아니라 직장 내 건강과 안전을 해치는 행동과 시스템, 기업의 의사결정 등 성장으로 치닫던 시대에는 보이지 않았던 것들이 서서히 민낯을 드러내며 급격한 변화를 예고하고 있다. 지금까지와 다른 점은 기업이 단순히 이익을 추구하는 것을 넘어 초강력 이해관계자들이 얽히고 설킨 경영 활동이라는 점이다. 이제 더 이상 환경과 사회에 기여하지 않는 기업은 투자자들이나 주식 시장에서 외면을 받을 수 있고, 이는 기업 생존의 문제와 직결된다. 기업의 친환경적인 활동은 단지 도덕적인 이유나 체면 때문이 아니라 실제 기업 가치와 이익에 직접적인 영향을 끼치는 문제라는 이야기다.

2019년 BRTBusiness Round Table 200대 기업은 선언문 '기업의 목적에 대한 성명'에 서명했다. '기업의 사회적 책임은 기업을 둘러싼 모든 이해관계자의 이익을 극대화하는 것'이라는 내용이었다. 1970년 경제학자 밀턴 프리드만이 기업의 사회적 책임을 '주주를 위해 이윤을 극대화하는 것'이라며 오로지 주주에 집중했던 것에 비하면 큰 변화다. '모든 이해관계자'라 함은 지역사회Society, 협력사Partner, 투자자Investor, 고객Customer, 직원Employee 모두를 포함하며 기업의 사회적 책임은 주주의 이윤이 아니라 모든 이해관계자들의 이익으로 확대되었다.

더욱 주목할 만한 사건은 2021년 1월, 약 1경 원의 자산을 움직이는 최대 자산운용사인 블랙록Black Rock의 CEO 래리 핑크Larry Fink의 CEO 공개서한이다. 그는 앞으로 발전용 석탄과 같은 지속가능하지 않은 사업에는 투자하지 않으며, 주요 기업들의 대주주로서 탄소중립 목표를 향후 30년간의 기업 전략에 녹여 공개할 것을 요구했다. 기업 가치를 판단하는 기준에 친환경적인 노력과 사회 참여, 기업의 지배구조와 같은 비재무적인 요소도 함께 평가하겠다는 의미였다. 그는 블랙록이 투자 포트폴리오를 조정하는 것으로 만족하지 않을 것이며, 주주로서 적극적 의결권도 행사하겠다고 선언했다. 기업의 지속가능성에 대한 증명이 투자의 최우선순위로 올라간 것이다.

이 서한은 환경과 사회에 대한 올바른 인식, 의사결정의 투명성 등이 담보되지 않으면 기업의 이익과 성과는 결국 불안정할 수밖에 없다는 세계적인 공감대로 연결되는 사건이었다. 단순히 착한 기업 이미지를 포장하는 광고 캠페인이 아니라 철저히 자본과 직결된 것이다. 앞으로의 환경문제, 사회적 불평등에 대한 기업의 생각과 행동이 기업의 투자와 미래를 좌우하는 냉정한 판단 기준이 되었다.

기업이나 브랜드의 이익과 직결되고, 지금까지 알고 있던 ESG와는 또 다른 '기준'이란 정확히 무엇일까. 이 역시 래리 핑크의 말에서 힌트를 찾을 수 있다. 그는 지속가능성 이슈의 분기점이 된 2021년 CEO 공개서한 이전인 2020년, 글로벌 시장조사기관 칸타KANTAR에서 발표한 보고서 'Purpose 2020'를 통해 '공공기관이건 일반기업이건 목적Purpose에 대한 감각이 없으면 완전한 잠재력을 달성하지 못할 것이다'라고 말했다. 래리 핑크는 흔히 목적 중심이라고 선언하는 기업들이 대단히 오해하는, 이상한 행동들이 있다고 지적하며 몇 가지 사례를 들었는데 그 내용이 흥미롭다.

래리 핑크가 생각한 목적 중심에 대한 세 가지 오해의 예시는 다음과 같다. 첫 번째, 지구를 구하기 위해 나무를 심고 있는 은행. 두 번째, 인종 갈등을 해결하는 소프트드링크 브랜드. 세 번째, 농아 학생들에게 교육을 제공하는 패스트푸드. 이 세 가지 예시는 모두 브랜드가 흔히 하는 ESG 활동에 해당한다. 언뜻 보기엔 이게 왜 오해인 건가 싶지만 이 활동에는 분명 무언가 빠진 게 있다는 것이다. 착한 활동이지만 업의 본질과

우리가 지속가능성에 집중하는 이유는
환경보호론자이기 때문이 아니라,
우리는 자본주의자이며 고객의
수탁자이기 때문입니다.

래리 핑크, 블랙록 CEO
2021년 CEO 공개서한 중에서

상관없고, 해당 산업의 환경오염을 상쇄시키려 다른 분야에서의 선한 모습으로 시선을 분산시키는 활동으로 보인다는 것이다. 물론 이마저도 하지 않는 것보다는 하는 것이 낫겠지만 '목적 중심'과는 거리가 멀고 심지어 악용하거나 잘못 실행하고 있는 대표적인 사례라고 설명했다. 요약하자면, 마냥 착한 일을 하라는 것이 아니라 기업의 존재 이유에 대해 바른 답을 하고 있냐는 것이다.

목적 중심이라고 이야기하려면 브랜드의 존재 이유를 사회와 결부시켜 어떤 영향을 끼치고 있는지 설명할 수 있어야 한다는 것이다. 은행이라면 생뚱맞게 나무를 심을 것이 아니라 금융 혜택에서 소외된 계층에 대한 솔루션, 혹은 디지털 금융을 실현하면서 발생한 탄소배출을 어떻게 낮출지 고민하라는 것이다. 패스트푸드점 역시 멀리 아프리카에 가서 봉사할 것이 아니라, 근본적으로 이 사업을 하는 이유를 다시 생각해보고 보다 지속가능하게 사업을 개편할 방법부터 고민해야 한다는 이야기다. 온실가스를 유발하는 재료를 새로운 식재료로 대체하거나 패스트푸드점에서 아르바이트 하는 청년들의 근무 조건을 향상시키는 등의 방향으로 말이다. 앞으론 목적에 대한 감각이 없는 기업에서 젊은 인재들은 일하고 싶어하지 않고, 소비자들 역시 그런 기업의 제품을 구매를 보류한다는 것, 무엇보다도 매의 눈을 한 투자자들이 투자를 재고할 수도 있다는 경고를 남긴다.

파타고니아, 기업의 목적을 재정의하다

기후위기 시대의 브랜딩을 이야기하면서 파타고니아를 언급하는 건 진부하게 느껴질 수 있다. '파타고니아나 돼야 할 수 있는 일'이라고 오해할지도 모르겠지만, 그럼에도 파타고니아를 언급하는 건 이 브랜드가 기업의 목적을 끊임없이 재정의하는 좋은 사례이기 때문이다. 파타고니아는 '기업의 목적은 주주 이익 극대화'라는 것에 반기를 들고 2022년 9월, 전체 주식을 파타고니아 퍼포스 트러스트Patagonia Purpose Trust 재단과 비영리 재단 홀드패스트 콜렉티브Holdfast Collective에 양도했다. 회사를 공개해 상장회사가 되는 대신going public 목적 기업going purpose[2]이 되겠다고 결정한 것이다. 회사의 의결권주와 무의결권주를 모두 비영리단체에 양도한 파타고니아는 비즈니스를 위해 재투자하는 비용 이외 모든 이익을 환경위기 해결을 위해 사용하는 구조를 만들었다. 2024년 파타고니아는 1년 반 동안의 수익금 950억 원을 야생동물 보호, 댐 철거, 토지 보존, 정치 후원금 등에 사용했다고 밝히기도 했다. 4월 22일 지구의 날에는 환경기금 단체 홈 플래닛 펀드Home Planet Fund를 출범하며 2,000만 달러(약 280억 원)를 기부했다.[3]

파타고니아의 비즈니스 모델이 타 기업과 구분되는 근본적인 이유는 창업자의 생각에서 찾을 수 있다. 이본 쉬나드Yvon Chouinard는 1964년 쉬나드 이큅먼트Chouinard Equipment를 설립해 사업을 시작했다. 아웃도어 마니아였던 그는 오래 사용할 수 있도록 강도와 품질을 높인 피톤(암벽을 등반할 때 바위 틈새에 박아 넣는 금속 못)을 제조했다. 처음엔 피톤이 환경을 파괴한다는 것을 그도 몰랐다. 여러 실험 끝에 어떤 피톤이건 암벽에 영원히 박혀 자연을 망친다는 것을 깨달은 그는 사용 후 제거할 수 있는 장비를 고민한다. 그렇게 시작된 그의 친환경 사업은 1970년대 파타고니아 창업으로 이어진다.

1991년 파타고니아는 기후 변화나 무분별한 개발로 자연이 훼손되거나 사라지지 않도록 하는 것이 사업의 핵심이라고 재정의한다. 그렇게 파타고니아는 '지구를 되살리기 위한 브랜드'가 된다. 10년 뒤에는 아웃도어 의류로까지 사업을 확장했고, 이후 일관되게 환경보호를 위한 사업 기조를 유지한다. 당장의 매출, 이윤보다는 인간과 자연에 대한 책임감을 가져야 한다는 파타고니아의 생각은 지속가능성을 넘어 되살림 Regeneration의 관점으로 재설계된다. 2019년, 창립 이후 27년 만에 처음으로 파타고니아는 사명선언문을 '우리는 우리의 터전, 지구를 되살리기 위해 사업을 한다We Are in Business to Save Our Home Planet'라고 바꿨다. 2023년에는 '기후위기는 우리의 비즈니스입니다The Climate Crisis Is Our Business' 라고 표현했다. 환경위기의 심각성, 절박함, 시급함을 표현한다는 듯이 더 명확하고 간결해졌을 뿐 그들이 궁극적으로 지향하는 바는 같다. 파타고니아의 모든 사업이 기후위기에 대응하고 있고 그것이 그들의 존재 이유라는 사실이다.

기후위기 시대의 차별화, '언패셔너블'한 의류회사

'이 재킷을 사지 마세요Don't Buy This Jacket.' 파타고니아 하면, 많은 사람들은 이 광고 카피를 떠올릴 것이다. 파타고니아는 재킷을 팔면서 사지 말라고도 말한다. 기업 성장에 관심이 없기 때문에 가능한 마케팅이다. 파

우리는 최고의 제품을 만들되,
불필요한 환경 피해를 유발하지 않으며,
환경위기에 대한 공감대를 형성하고
해결방안을 실행하기 위해
사업을 이용한다.

1991년 파타고니아의 미션

타고니아에게 이윤 창출은 목적이 아니라 도구이다. 목적이 다르기 때문에 파타고니아의 마케팅은 제품 판매보다 판매 이후로 확장된다. 낡은 옷을 고쳐 입고, 재생해 오래 입을 수 있는 옷과 소재를 고민한다.

2024년 글로벌 캠페인 언패셔너블Unfashionable과도 연결되는 이 생각은 패션산업에 대한 파타고니아적 관점을 반영한다. 유튜브에서 볼 수 있는 다큐멘터리 영화 '쓰레기의 시대'와 함께 시작된 언패셔너블 캠페인은 소비주의 정점에 있는 기업과 소비자들의 인식과 행동 변화를 촉구한다. 트렌드에 따른 필요 이상의 충동적 소비가 지구와 인류의 파멸을 가져온다며 경고한다.

잠수복은 언패셔너블을 지향하는 파타고니아에 어울리는 시장이다. 서퍼들은 잠수복에 한해 자신의 스타일에 집착하지 않으며, 슈트가 오래돼 닳으면 새것으로 구매할 뿐이기 때문이다. 매년 700만 개의 잠수복이 판매되며 2033년까지 글로벌 시장규모는 35억 달러로 성장할 것으로 예상된다. 파타고니아는 연간 10만 벌의 슈트를 판매 중이다.

대부분의 잠수복은 석유로 합성한 고무인 네오프렌으로 만든다. 파타고니아는 석유를 사용하는 네오프렌을 대체하고 기존 소재보다 독성이 덜한 대안을 고민한다. 그리고 2008년 율렉스Yulex와 제휴해 천연고무 개발을 시작한다. 그로부터 4년 뒤 파타고니아는 최초로 네오프렌을 사용하지 않은 율렉스 잠수복을 출시하고, 2016년에는 생산하는 모든 서핑 장비에서 네오프렌을 없앴다. 율렉스 기술을 공개해 서핑산업 전반으로 확산시킨 덕에 경쟁 브랜드도 율렉스 소재를 사용하기 시작했고, 일부 기업은 재활용 사업을 시작했다.

파타고니아도 2020년 웻슈트포지Wetsuit Forge라고 불리는 잠수복 연구, 개발, 수리 센터를 오픈했다. 그간에도 웻슈트의 마모를 수선해왔으나 더 이상 꿰맬 수 없을 정도로 낡은 슈트도 있었다. 이런 것은 매트나 토트백으로 재활용하다 결국 매립해야 했다. 천연고무 율렉스는 가뭄에 강한 히비아 나무와 과실수에서 생산되는 식물성 소재로 땅속에서 자연 분해되지만, 파타고니아는 한걸음 더 나아갔다. 낡아서 더 이상 수리와 재활용이 불가능한 잠수복을 분자 수준으로 분해하는 기술을 가진 기업, 볼더 인더스트리와 2023년 제휴했다. 분해된 잠수복은 율렉스 잠수복 염색 공정에서 카본블랙Carbon Black으로 사용된다. 카본블랙은 탄소를 원료로 한 흑색 염료로, 잠수복을 재활용한 나일론 안감을 염색하는 데 사용된다. 2025년부터 판매 예정인 볼더블랙Bolder Black 저탄소 잠수복 라인은 낡아도 새 제품으로 변신하는 불멸의 잠수복 시대를 열 것이다.[4]

피보팅이 아니라 목적 실현이다

파타고니아는 출판, 농업, 어업 그리고 목축에도 관심을 갖는다. 파타고니아 프로비전스Patagonia Provisions는 밀 품종 컨자Kernza에 주목한다. 살충제 없이도 잘 자라고 생육에 필요한 물과 비료 사용량도 적은 컨자는 맥주를 생산하면서 환경을 보호한다. 여러해살이 품종이라 매년 땅을 갈고 다시 심을 필요가 없고, 뿌리가 3미터 이상 자라서 토양의 침식도 막는다. 영양분과 물을 모으는 기능도 뛰어나 가뭄에도 강하다. 이산화탄소 제거 능력도 탁월하다. 미국 토양 연구소에서 개발한 신품종 밀, 컨자로 만든 최초의 맥주가 바로 파타고니아의 롱루트 에일 맥주이다.

파타고니아 프로비전스가 주목한 밀 품종 컨자는 맥주를 생산하면서 환경을 보호한다.

2012년 설립된 파타고니아 프로비전스는 환경위기에 맞서 지구를 재생하고 보호하는 방식의 농수산업으로 식품을 생산하고 유통한다. 암초에서 거둔 그물로 수확한 야생 연어, 수질 개선과 해양 생물 서식지 조성으로 활용되기도 하는 홍합, 미끼 없이 잡은 야생 고등어를 생산한다.

파타고니아는 음식을 만들어 파는 이유를 '지구와 생명을 구할 수 있는 방법'이기 때문이라 말한다. 의류산업은 근본적으로 생명을 보호하기보다 해치는 산업이지만, 식품산업은 다르다. 특히 농수산업은 토양과 바다를 건강하게 복원시키고, 동물복지를 보장하며 종사자를 보호하는 방식으로 생명 공동체를 지킬 수 있는 재생 가능한 활동이다. 거의 매일 고객을 만나는 일이기에 파타고니아의 브랜드 가치를 확산하는 좋은 계기로도 작용한다.

파타고니아는 '지속가능성'이라는 표현보다 '자연으로 되돌려준다'고 말한다. '기후위기가 곧 비즈니스'라는 말로 자신들의 업을 정의하는 그들은 '성장' 보다 '목적'을 실현하는 데 집착한다. 그래서 파타고니아는 기존 산업의 법칙을 그대로 따르며 경쟁자가 되기보다 혁신적으로 최초가 된다. 우수한 품질의 제품으로 궁극적 목적인 '지구 환경'을 재생한다. 지금까지의 기업과 자본이 무한성장에 바탕을 두었다면 앞으로는 제대로 된 목적이 있어야 지속가능하다는 것, 성장 자체가 아니라 '지구'가 목적이어도 된다고 여기는 파타고니아의 행보는 서서히 세상을 바꾸고 있다.

소비자의 실험
진정성을 느낄 때 달라진다

2018년 영국에서 31만 명 이상의 사람들이 캠페인을 벌였다. 감자칩 1위 브랜드 워커스Walkers에 플라스틱 포장을 더욱 친환경적으로 만들 것을 요구하고 나선 것이다. 그 방식은 독특했다. 감자칩을 먹고 남은 빈 봉지를 워커스 측에 우편으로 다시 보내면서, 인증 사진과 'Packet-In Walkers' 해시태그를 소셜미디어에 함께 게시했다. 그 파장력은 매우 컸다.

영국의 우편법상 감자칩 봉지에도 적절하게 주소가 적혀 있으면 우편물로 취급하고, 법적으로도 배송해야 할 의무가 생긴다. 하지만 우편 자동화 분류 과정에서 과자 봉투는 선별되지 않기 때문에 직원들이 일일이 수작업으로 분류해야 하는 바람에 우편국이 마비되는 사태가 일어났다. 소비자들의 지속적인 행동에 영국 우편국마저 워커스에게 리사이클링을 강요하는 성명을 발표하면서, 워커스는 대대적인 망신을 감당해야 했다.

이 캠페인은 환경단체 38도38Degree가 주도했다. 이들은 매년 영국에서 약 60억 개의 감자칩이 소비되며 대부분의 포장지가 재활용되지 않는다고 지적했다. 매일 1,100만 봉지의 감자칩을 생산하는 1등 브랜드 워커스의 책임이 가장 크다고 판단했다. 실제로 감자칩 포장지는 PET 또는 PP로 모두 금속화된 필름 재질이다. 환경단체 38도는 재활용되지 않을 뿐더러 처리 과정과 생산 단계에서 모두 환경에 부정적 영향을 끼친다는 연구 결과에 근거해, 이러한 캠페인을 벌였다고 설명했다.

워커스는 어떻게 대응했을까? 캠페인을 통해 도착한 감자칩의 빈 봉지들을 모두 수거하여 내부적으로 연구용으로 사용하겠다고 밝혔다. 더불어 향후 포장 재활용의 가능성을 향상시키기 위해 노력할 것이며 2025년까지 모든 포장을 100% 재활용, 퇴비화 또는 생분해할 수 있도록 하겠다는 목표까지 구체적으로 제시했다. 모기업 펩시코는 미국, 인도, 칠레에서 퇴비화가 가능한 포장을 시범 운영하는 등 문제를 해결하기 위해 여러 방법을 강구했다.

이 이야기에는 반전이 있다. 소비자들이 워커스의 약속에 만족하지 못했기 때문이다. 소비자들은 재활용을 약속한 시기마저도 앞당기라는 압

1년에 버려지는 60억 개의 감자칩 봉지를 어떻게 할 것인가?
소비자들은 우편으로 다시 기업에 보내는 행동을 취했다.

Katie Gibb @KateGibbHere 2018. 9. 21.

#PacketinWalkers 🌱 Mum & I are returning our PLASTIC bags back to @walkers_crisps today using the FREEPOST address.. their refusal to ditch plastic until 2025 = 28 BILLION MORE ❌ plastic packets will end up in landfill before then.. thank u @38_degrees for this Campaign 👉

sarah mitchell @sarahmit... 2018. 9. 25.

. @walkers_crisps I'm a walkers customer, and want you to do everything you can to change to plastic free packaging before 2025. You produce 4bn packets a year - 7 years is too long to wait to tackle plastic waste #PacketinWalkers

#PacketinWalkers 캠페인에 참여한 인증 게시물과 브랜드가 공표한 약속 기한이 너무 길다고 항의하는 내용의 인증 게시물
ⓒ X의 개인 유저

박의 우편물을 다시 보냈다. 2025년은 너무 멀다, 그 전에 할 수 있는 모든 것을 해달라면서 말이다. 영국 우편국 행정기관과 개인 소셜미디어가 만들어낸 영향력을 맛본 소비자들은 더 강력한 이해관계자로 돌변해 브랜드가 변화할 시기와 방법까지도 간섭하기 시작한 것이다.

현재 시장을 선도하는 1위 브랜드라면 어떤 브랜드라도 워커스의 사례를 겪을 수 있다. 가장 큰 시장점유율과 이익, 인지도를 취하고 있기에 1등 브랜드는 가장 큰 책임이 있고, 만약 1등 브랜드가 변한다면 그 시장 전체가 바뀔 수 있다는 기대와 믿음이 있기 때문이다.

국내에도 이와 비슷한 사례가 있다. 2020년 2월 화제가 됐던 매일유업 빨대 이야기다. 한 소비자가 음료에 붙어있던 빨대를 사용하지 않고 모아서, 편지와 함께 매일유업으로 돌려보냈다. 일회용 빨대가 없어도 된다는 메시지였다.

빨대 반납 운동은 환경보호 운동의 일환이다. 두유나 멸균우유를 담은 팩 제품에 붙은 빨대와 운동 취지가 담긴 편지를 기업에 보내는 방식으

© 매일유업

매일유업은 소비자들의 '빨대 반납 운동'에 대해
빨대가 없는 제품을 출시함으로써 응답했다.

로 진행된다. 국내에서는 환경보호에 관심이 많은 사람들이 모인 오픈채팅방 '쓰레기 없는 세상을 꿈꾸는 방'에서 매일유업을 상대로 시작, 확대됐다.

당시 매일유업의 임원은 친필 편지를 통해 브랜드의 입장을 밝혔다. '편리함을 위해 부착한 빨대가 고객님께 불편한 마음으로 쌓인 것으로 헤아릴 수 있다'며 '환경을 생각하는 마음과 좀 더 나은 미래를 위해 실천하고자 하는 의지에 깊이 공감해 저희도 변화하고자 한다'라는 내용이었다. 이어 '빨대를 사용하지 않는 포장재를 연구하고 있다'면서 '빨대 제공 방식에 변화를 주는 안도 검토 중이다'라고 밝혔다. 실제로 매일유업은 내부 검토를 거쳐 엔요100 제품과 상하목장 우유 제품에서 빨대를 제거하기로 결정하고 같은 해 6월부터 빨대 없이 생산했다. 다음 해에는 '소의 날'을 기념하여 '매일우유 빨대뺐소'를 출시했다. 언론 보도에 따르면, 매일유업은 빨대 제거와 종이 패키지 사용으로 연간 온실가스 배출량을

1,287톤 저감할 수 있을 것으로 추산했다. 소비자의 요구에 적극적으로 환경보호에 대한 의지와 정성을 표명한 매일유업은 이후 소비자들의 많은 응원을 받았다.

지구에 투자합니다_젠워터

앞선 사례처럼 요즘은 '버리는 행위'에 대해 다시 생각하는 시대다. 많은 사람들이 과자 한 봉지, 물 한 병을 살 때 며칠, 몇 시간 뒤에 버릴 방법을 먼저 생각할 것이다. 환경문제로 배달 앱을 불매하겠다는 사람들이 나타났고, 포장재를 종이 재질로 바꾼다고 해도 온라인 리테일의 과포장은 비난을 피할 수 없다. 과자 한 봉지, 물 한 병을 사도 버리는 방법부터 먼저 생각한다는 게 과언이 아니다. 생수 브랜드 젠워터ZenWTR의 창업자 랜스 콜린스Lance Collins가 브랜드를 소개하며 하는 말은 그래서 뻔하지만 외면할 수 없다.

젠워터는 증류수로 만든 생수다. 원래 증류수는 산성이지만 PH 농도를 몸에 좋은 약알카리성으로 조정했다. 이 브랜드가 주목받는 이유는 두 가지다. 하나는 창업자 랜스 콜린스이다. 그는 2007년 코카콜라가 인수한 음료 브랜드 퓨즈FUZE Beverage와 노스NOS Energy Drink를 론칭했고, 최근 바디 아머BODYARMOR Super Drinks와 코어 하이드레이션Core Hydration을 비롯한 많은 음료 브랜드를 성공적으로 출시한 음료 브랜드계 베테랑이다. 건강과 웰빙 분야에 진심인 그는 지속가능한 패키지와 제조 과정을 면밀히 연구한 끝에 젠워터를 세상에 발표했다.

브랜드가 주목받았던 또 다른 이유는 젠워터가 담긴 생수병 때문이기

(문화로서) 우리는 바다를 청소하고,
전기 자동차로 전환해야 하며,
지구의 탄소배출량을 개선해야 합니다.
우리는 그 계획에 투자하고 있습니다.[5]

랜스 콜린스, 젠워터 창업자
2020년 창립 기념 인터뷰 중에서

도 하다. 여전히 플라스틱 병이지만 세계 최초로 100% 해양 플라스틱을 재활용해 만든 페트병이다. 페트PET는 단일 플라스틱 재질로 재활용이 원활하다. 그동안 바다에 버려진 페트병은 옷이나 신발, 육아용품으로 재활용되었으나, 식품용이나 화장품용 소재로 사용하기에는 한정적이었다. 젠워터는 캘리포니아 재활용 기업으로 출발해 지금은 에버그린Evergreen에 인수된 카본라이트CarbonLITE와 손잡고 오션 바운드 플라스틱OBP, Ocean Bound Plastic이[6] 바다에 도달하기 전 수거하는 방법으로 이를 해결했다. OBP는 '바다로 흘러 들어갈 위험이 있는' 플라스틱 폐기물이다. 플라스틱 해양 쓰레기의 80%가 OBP이다.[7] 젠워터는 바다로 향하는 플라스틱 폐기물을 수거해 분쇄하고 열처리한다. 이러한 화학적 재활용 방식을 거쳐 페트병을 식품과 화장품 용기의 재료가 되는 재활용페트rPET 수지로 재생시킨다.

젠워터는 OBP 재활용을 통해 세계 최초로 플라스틱 네거티브 인증Plastic Negative Certification을 받은 음료 브랜드다. 이는 연간 플라스틱 발자국의 200%에 해당하는 양의 폐플라스틱을 바다에서 수거했다는 의미다. 더 나아가 병 용기에 부착하는 라벨도 100% 리사이클링 가능한 페트 소재를 쓰고, 미국 플라스틱 재활용업체협회로부터 인정받은 워셔블 잉크를 사용해 재활용 기준을 충족했다. 뚜껑도, 플라스틱 식품 및 음료 용기 마개 분야에서 최고인 제조업체에서 리사이클링이 용이하도록 생산해 100% 재활용한다. 판매액의 1%는 바다를 깨끗이 하기 위해 노력하는 자선단체 및 기관들에 기부하기도 했다. 지금은 알루미늄 보틀에 담은 생수도 생산 중이다. 젠워터는 환경을 위한 모든 과정을 인증받아 매순간 소비자들에게 증명한 것이다.

진정성을 느끼는 순간, '싱크가 맞았다'

일회용 플라스틱 폐기물 세 개 중 하나가 생수, 음료수 병이다. 생수를 판매하는 기업은 지속가능한 패키지를 만들기 위해 지속적으로 고민해 왔다. 종이팩 생수, 최근엔 알루미늄 캔 생수 같이 소재를 대체해 플라스틱 폐기물을 줄여보려는 브랜드도 많았다. 젠워터는 플라스틱 병으로 플라스틱 쓰레기 문제를 정면돌파 하는 방식을 택했다. 해양에 버려지는 플라스틱 페트병 문제에 누구보다 깊게 파고들어, 바다에 흘러드는 폐플라스틱 병 다섯 개를 모아 생수병 하나를 만들어낸다. 한 번 쓰고 버려지는 플라스틱을 무한 재생플라스틱으로 재탄생시킨 것이다.

젠워터가 지속가능성을 지향한다며 열대 지역에 나무심기 프로젝트를 진행했다면 어땠을까? 초록색과 자연 그래픽으로 포장된 브랜드 패키지만으로는 환경문제를 해결하지 못한다. 환경문제를 해결하는 방법과 제품의 가치를 브랜드 자체에 녹여야 한다. 죄책감을 느끼며 물을 마시고 싶지 않은 소비자들에게 젠워터는 자유를 준다. 브랜드와 환경문제는 '싱크로율'이 맞아 떨어져야, 소비자가 브랜드에 진정성을 느낀다. 환경문제에 대한 우리 브랜드의 노력이 소비자에게 가닿지 않는다고 느껴진다면, 브랜드가 환경문제에 얼마나 Re-sync 하고 있는지 재점검하는 게 중요하다.

© ZenWTR

젠워터는 재활용한 플라스틱 병뿐만 아니라
'건강한 물'이라는 제품력도 강조함으로써,
고객과 브랜드의 싱크로율을 높였다.

좋은 제품력에 친환경은 거들 뿐

젠워터는 2024년 5월 미식축구 스타이자 테일러 스위프트의 연인, 트래비스 켈시와 함께 '잠재력을 발견하라Find yours'는 캠페인을 시작했다. 이 캠페인은 모든 개인이 자신의 잠재력을 믿고, '최고의 나를 발견하기 위해서 일상 속 균형을 찾자'는 메시지를 전한다. 젠워터의 알칼리성 PH 농도를 '완벽한 몸을 위한 균형'으로 표현하며 유명하고 실력 있는 스포츠 스타가 생활 속에서 젠워터의 물을 즐기는 모습으로 표현했다.

젠워터의 PH수준은 9.5이다. 이는 일반적인 온천수보다도 높은 수준으로, 증류 과정을 통해 순수한 물을 만들어낸 후 미네랄을 첨가해 알칼리성을 높였다. 이 과정에서 미세플라스틱을 포함한 불순물을 제거하고 체내 산도를 중화해 더 나은 수분 공급을 돕는다고 알려, 건강을 중시하는 소비자들에게 가닿는다. 재활용 해양 플라스틱을 사용한다는 점 그리고 미세플라스틱이 없는 순수한 물이라는 두 가지 특장점 중 소비자들은 어느 쪽에 더 반응할까? 젠워터는 '친환경을 지향하고 지구를 구하는 착한 생수' 보다 '미세플라스틱 없이 건강한 물로 균형 잡힌 일상의 향상'이라는 메시지를 전달한다. 이를 통해 젠워터는 의무감을 자극하는 브랜드들의 메시지와는 달리 보다 매력적이고 기능적인 브랜드로 인식된다.

지속가능성 브랜드를 론칭하려는 기업들은 친환경적인 요소뿐 아니라 브랜드의 제품 성능이 얼마나 뛰어난지 알릴 준비가 되어야 한다. 소비자가 구매하는 순간에 '명분이 좋으니 우리 브랜드를 사세요'라고만 말하는 것은 좋은 전략이 아니다. 미국에서도 지속가능성을 지향하는 생수 브랜드가 이미 다양하다. 제품 기능과 연계된 브랜드만의 특징이 반드시 필요하다. 지속가능성이라는 좋은 재료와 함께 제품의 기능을 각인할 수 있는 확실한 무기가 있을 때 친환경의 명분도 더 강력하게 전달된다. 진심을 다한 제품력에 친환경은 거들 뿐이다.

Part 2

전환 轉

,

브랜드라서
할 수 있다

라이프스타일을 바꿔왔듯
지구도 구할 수 있다

인식이 바뀌면 행동이 달라지고 삶의 방식이 변한다. 그래서 브랜드는 환경오염에 책임이 있다. 단순히 제품의 원료, 폐기물 재활용 문제보다도 더 큰 차원의 책임이다. 브랜드가 언제나 하는 일, 브랜드라서 할 수 있는 일, 브랜드만 할 수 있는 일, 소비자의 인식을 바꾸는 작업을 해왔기 때문이다. 그 역사도 오래됐다. 실제로 1950년대 한 브랜드가 집행한 카피와 캠페인이 소비자 인식의 변화, 라이프스타일의 큰 흐름을 바꾸는 변화를 이끌어낸 사례가 있다.

우리가 사는 시대를 플라스틱 시대Plastic Age라고 해도 전혀 이상하지 않을 만큼 현대인의 일상 속 대부분의 물질이 플라스틱이다. 플라스틱이 대량 생산되기 시작하던 1950년대, 플라스틱의 활용을 재촉한 역사적인 마케팅이 있었다. 1955년 《라이프LIFE》에 실린 '마음껏 쓰고 버리는 생활Throwaway Living'이라는 캠페인으로, 1950~60년대 가장 성공한 마케팅 중

하나로 꼽힌다. 마치 새로운 라이프스타일을 제안하듯 '한 번 사용하고 버리세요. 청소도, 설거지도 필요 없어요'라는 카피가 발표되자 '쓰고 버리는' 생활 방식이 미국을, 그리고 전 세계를 강타한다.

이는 플라스틱의 내구성을 조정해 일회용으로 설계하고 더 싸게 많이 공급하면서 무한정 소비를 유도하는, 다분히 경제적인 논리와 상술이었다. 플라스틱의 대표적인 특징인 '반영구적 내구성'은 일회용으로 설계되었다. 아이러니한 것은 '쓰고 버리는 생활 방식'이 가정주부들의 가사노동을 혁신적으로 줄여준다는, 즉 고객 이익을 극대화하는 브랜드 메시지였다는 점이다.

오늘날 OECD에 따르면 전 세계 플라스틱 사용량은 2019년 약 4억 톤, 2060년에는 10억 톤 이상으로 늘어날 것이라고 한다. 또한 UN에 따르면 현재까지 생산된 플라스틱 폐기물 중 재활용의 비중은 10% 미만이다. 컬러, 성분을 달리한 플라스틱은 재활용이 되지 않기 때문이다. '용도에 따라 변형이 가능한 활용성'이라는 장점이 결국 재활용을 어렵게 만드는 극단적 단점이 되어버렸다. 1950년대에 새로운 라이프스타일로 제안됐던 플라스틱 라이프가 약 70년이 지난 지금 우리의 일상을 뒤엎게 된 과정이다. 그저 '그때는 옳았고 지금은 아니다'에 그칠 것이 아니다. 쓰레기 시대를 사는 브랜드에게 필요한 접근은 우리가 사용하는 '물질'의 영향력에 대해 생각해보는 것이다.

2019년 미국의 《디 애틀랜틱The Atlantic》에 실린 '물건이 너무 많다There is too much stuff'라는 칼럼은 많은 이들의 공감을 샀다. 아마존은 인간의 요구에 부응하기 위해 무한한 재고를 선보인다. 가정용품이나 기타 일상

1955년 발간된 《라이프》 표지. '마음껏 쓰고 버리는 생활'이라는 광고 카피가 미국과 전 세계의 라이프스타일을 바꾸었다.
© 허핑턴포스트코리아

용품처럼 필수적이고 용도가 분명해 쇼핑하는 재미가 거의 없는 제품에도 쉽게 접근할 수 있다고 강조한다. 예를 들어, 아마존 검색창에 '옷걸이'를 입력하면 20만 개 이상의 옵션이 제공된다. 모양은 거의 비슷한 벨벳, 우드, 플라스틱 소재의 옷걸이들이 가격에 따라 다양하게 펼쳐지고 거의 모든 목록에 수백 또는 수천 개의 리뷰가 평균 별 네 개에서 다섯 개 사이의 평점으로 기록되어 있다. 이 중에서 확실한 선택은 없다. 선택의 여지가 있을 뿐이다.

2023년 말부터 시작해 이제는 쿠팡을 위협하는 알리익스프레스와 테무 역시 이 이슈에서 자유로울 수 없다. '억만장자처럼' 쇼핑하기 위해 생각지도 못한 기발한 아이디어 상품에, 필요하지도 않은 물건을 손쉽게 단돈 몇천 원으로 구매하는 과정을 한번 생각해보자. 믿을 수 없이 저렴한 제품들이 놀라운 속도로 배송된다. 고민 없이 구매한 제품은 '테무 하울haul'로 도파민 파티를 즐긴 후 기나긴 글로벌 반품 과정을 밟거나 그도

귀찮으면 그냥 쓰레기통으로 들어가버린다. 아이디어의 보고처럼 보였던 그곳은 결국 우리를 쓰레기가 양산되는 디스토피아로 이끌었는지도 모른다. 동시에 전체 산업의 생산이 기하급수적으로 늘고, 그에 종사하는 수백 만의 생계는 무수한 제품들이 지속적으로 팔리느냐에 달려있는 현실이기도 하다. 열심히 일할수록 디스토피아로 가는 공급과잉 시대를 넘어 쓰레기 시대를 사는 우리에게 또 다른 선택의 여지는 없을까.

쓰레기를 만든 이가 책임져야 한다_이마바리의 먼지

최근 또 하나의 라이프스타일로 자리잡은 것이 있다. 바로 캠핑이다. 캠핑의 꽃은 '불멍'이다. 멍하니 불을 바라보며 쉬는 순간을 위해 캠퍼들은 캠핑 도구를 조립하고 배치하며 사서 고생한다. 불멍에는 숯, 장작, 화로, 착화제가 필요하다. 착화제 없이 잘 마른 장작과 토치로 바로 불을 붙이기도 하지만 고체 연료나 착화탄, 파라핀 착화제나 우드칩을 사용하는 경우도 많다. 자연을 만끽하러 떠나온 캠핑인데 이산화탄소를 발생시키며 환경을 오염시키는 아이러니가 생긴다.

이 또한 참 아이러니한 건, 그것을 알게 되기까지는 머리와 지식의 영역에 가깝지만 알게 된 후로는 굳이 머리를 쓰지 않아도 느껴지는 감각의 영역으로 이동한다는 사실이다. 많은 캠퍼들이 전기와 화기를 사용하며 편하게 캠핑하는 동시에 환경에 덜 해가 되는 방법을 고민한다. 산속으로 들어가 화기를 사용하지 않는 백패킹이나 비박Biwak을 알아보고, 누구나 할 수 있는 쉬운 방법이 아니라는 것도 알게 된다. 예전의 방식으로 돌아간다고 해서 그때와 똑같은 상태도 아니다. 누구나 할 수 있는 쉬운 방법이 있다면 그 방법을 택하겠다는 마음이 준비된 상태에 가깝다. 이전처럼 편하지는 않고, 그렇다고 일상 깊숙이 들어온 캠핑이라는 라이프스타일을 버릴 수도 없는, 아이러니한 상황을 해결하는 것이 기후위기 시대의 브랜드가 해결해야 할 문제다.

일본 이마바리시에 있는 섬유 공장인 니시센코Nishisenkoh, 西染工는 이마바리의 먼지今治のホコリ라는 알록달록한 캠핑용 착화제를 만들어 캠퍼의 마음을 사로잡았다. 니시센코는 타월 같은 섬유 제품을 염색, 가공하는 회사다. 염색한 섬유를 건조하는 과정에서 매일 엄청난 양의 먼지가 생긴다. 먼지의 양은 하루 240리터에 달한다. 섬유 공장의 먼지는 합선이나 작은 화재가 발생했을 때 큰 화재로 이어질 수 있어 빨리 치워내야 한다. 니시센코는 섬유 먼지를 폐기하기보다 불이 빨리 붙는 특징을 살려 면 폐기물 착화제를 고안했다. 캠핑을 좋아하는 직원의 아이디어였다. 폐기물을 제품으로 팔자는 의견에 부정적인 견해도 있었지만 생각을 밀어붙였다. 기존 착화제의 한계를 잘 알았기 때문이다.

착화제는 예쁘지 않은 물건이다. 대체적으로 생김새는 투박하고 색도 갈색 아니면 블랙이다. 반면 이마바리 먼지는 니시센코에서 생산하는 수건의 색만큼이나 컬러풀했고, 건조기에 붙어있는 먼지를 떼어 수작업으로 병을 채우기 때문에 색의 조합이 매번 달라졌다. 색 조합을 제대로 해내는 전담 직원 네 명이 하루에 만들어내는 양은 200통이다.[1] 친환경적이라는 당시의 몇몇 착화제는 불이 빠르게 붙지 않는 경우가 많았고, 불이 잘 붙으려면 화석연료가 포함되어야 하다 보니 환경에는 좋을 수 없는 악순환에 갇혀 있었다. 섬유 공장에서 나오는 면 폐기물로 만든 니시센코의 점화제는 화석연료를 포함하지 않은 면 재질이라 태워도 나쁜 냄새가 나지 않고, 화력도 5분간 유지된다.

다채롭고 품질도 좋은 색 착화제는 폐기물을 재활용했다는 명분이 더해지면서 감성 캠핑용품으로 가치를 인정받게 됐다. 니시센코는 먼지의 다양한 색을 적극 활용해 크리스마스, 발렌타인, 봄 시즌 한정 이마바리 먼지 제품을 내고, 소셜미디어에 홍보했다. 캠핑을 사랑하는 사람들에게 전하는 선물, 지역 커피전문점의 특별 주문 상품 등 다양한 버전으로 섬유먼지의 70%가 상품화되었다.

'예쁜 쓰레기'가 '매직아워'로 전환되는 순간

니시센코는 이마바리 먼지를 제작하면서 아웃도어 브랜드 더매직아워 THE MAGIC HOUR를 론칭했다. 첫 제품인 이마바리 먼지를 출시한 이후, 다른 오리지널 상품들을 기획하고 판매했지만 별다른 주목을 받지 못했다. 컨셉이 없었기 때문이다. 니시센코는 매직아워라는 브랜드 이름부터 다시 생각했다.

섬유, 염색 중심의 기업 정체성을 캠핑용품으로 연결하는 테마로서 매직아워는 해가 뜨고 지는 순간을 의미한다. 니시센코는 이 순간을 이마바리에 위치한 세토 내해의 하늘과 섬, 바다의 색이 여러 층에 겹쳐 풍부한 색채를 만들어내는 시간으로 풀어냈다. 이처럼 더매직아워는 다채로운 색상으로 사람의 마음을 부드럽게 하는 시간을 제공하는, 친환경 캠핑 브랜드로 스스로를 재정의했다. 이마바리 먼지에 이어 섬유에 있는 불순물을 없애는 공정을 생략해 에너지와 물 소비량을 40% 줄인 캠핑

하늘과 섬, 바다의 색을 여러 층으로 보여주는 니시센코의 캠핑 착화제

의자와 담요, 타월, 쿠션을 출시했다. 생산량과 생산 품목이 적은 로컬 브랜드라는 한계가 뚜렷하지만, 자체 쓰레기를 감성 중심의 소비재 카테고리로 확장할 수 있다는 명백한 가능성을 보여줬다.

이와 비슷한 예로 삿포로맥주의 40만 원짜리 한정판 청바지 30벌을 들 수 있다. 2022년 4월 삿포로맥주는 블랙라벨 맥주의 부산물을 모으고 종이를 더해 데님 원단을 만들었다. 완성된 블랙라벨 청바지는 업사이클링 제품 전용 회원제 사이트인 '삿포로생맥주 블랙라벨 더숍'[2]에서 판매했다. 원재료가 몰트 피트와 홉인 이 청바지는 높은 가격에도 1,600건의 주문량을 남기며 빠르게 품절되었다. 같은 해 12월, 그들은 같은 원료로 이음새에 맥주의 노란색을 입힌 '옐로 스티치 청바지'를 론칭했다. 반응은 폭발적이었고, 더숍은 오픈 9개월 만에 회원수가 10만 명 증가했다.[3] 코로나19 펜데믹으로 타격을 입은 양조장의 업사이클링 제품이 프리미엄 빈티지 감성으로 소비자와 통한 것이다.

쓰레기를 사고파는 것이 낯설지 않을 것, 앞으로 전개될 라이프스타일일지도 모른다. 생산자책임재활용제도EPR, Extended Producer Responsibility가 확대되고 있기 때문이다. 이 제도는 미판매 제품이나 제품 폐기물에 대해 생산자들이 재활용, 재사용하는 데 책임지는 제도이다. 재활용 시스템이 없다면 폐기물의 양만큼 부과금을 내야 한다. 지금까지 EPR은 전자제품 폐기물이나 플라스틱 종류에 국한되어 있지만, 앞으로 의류 폐기물로도 확산될 전망이다. 프랑스, 네덜란드, 헝가리는 이미 의무화했고 유럽연합도 2023년부터 섬유 EPR 의무화를 추진 중이다. 일본, 호주, 뉴질랜드와 멕시코, 브라질, 페루로도 확대되는 추세다. 앞으로 기업은 생산한 제품을 팔고서, 팔지 못해도 책임져야 한다. 마주한 확실한 미래를 의무로 받아들일 것이냐 기회로 만들 것이냐는 니시센코와 삿포로맥주가 보여줬다. 우리 브랜드라고 불가능한 일은 아닐 것이다.

의衣
재활용 사업 확장 vs. 소비문화 전환

과거에는 옷장 대신 침실 벽 한편에 옷을 걸 수 있는 나무걸이가 있었다고 한다. 나무걸이에는 두 벌의 옷이 걸렸는데, 하나는 일상복이고 다른 하나는 교회에 갈 때 입는 옷이었다. 솔직히 '두 벌만으로 충분하다'고는 말할 수 없지만, 터지기 일보 직전에 있는 요즘 우리의 옷장을 보다 보면 어쩌다 이렇게까지 되었는지 궁금할 때가 있다.

그 해답은 2023년을 며칠 앞둔 12월, 향년 81세로 별세한 비비안 웨스트우드의 삶에서 찾을 수 있다. 저항적 펑크록의 상징이자 패션계 혁명가였던 그는 환경과 사회, 정치적 메시지를 주저 없이 던졌다. 패션산업 종사자로서, 업계의 환경오염을 강하게 비판하며 기후변화와 관련된 자선기업을 후원했다. 기후혁명Climate Revolution이라는 팻말을 들고 모델들과 시위에 나서기도 했다. 그의 패션철학 '적게 사고, 잘 고르고, 오래 입어라 BUY LESS, CHOOSE WELL, MAKE IT LAST'는 지금의 패스트패션 시대를 저

비비안 웨스트우드는 패션산업 종사자로서
업계의 환경오염을 강하게 비판하며
기후변화와 관련된 활동을 하기도 했다.
© @viviennewestwood, VISLA MAGAZINE

격하기에 충분하다.

1990년대 후반부터 시작된 패스트패션은 유행에 따라 2주마다 신제품을 만들어낸다. 패션쇼에서 봤던 디자인은 저렴한 가격으로 카피, 생산되어 쇼윈도에 걸린다. 필요한 양을 넘어 대량 생산된 티셔츠와 신발, 모자는 트렌드 변화에 따라 쓰레기가 된다. 세계경제포럼에 따르면 패스트패션 시스템하에서 매년 생산된 직물의 75%가 쓰레기가 된다. 만들어진 옷의 30%는 팔리지 않는다. 오래 입지 않아 내구성도 중요하지 않기 때문에 패스트패션 브랜드는 저렴한 합성섬유를 많이 사용한다. 합성섬유로 만든 옷은 세탁하는 과정에서 분해되어 미세플라스틱을 만든다. 전체 미세플라스틱의 30%가 합성섬유에서 나온다.

미국과 유럽의 자선단체들은 중고 의류를 모아 가나와 토고로 수출한다. 저개발국의 직물과, 의류 제조업계는 무너지고 쓰레기가 남는다. 저개발국들은 중고 의류 수입을 금하려고 하지만, 선진국들은 상대국의 일자리를 위협한다며 무역제재로 위협한다. 인도나 아프리카에 65미터의 쓰레기산이 만들어지는 원리이다.

유럽연합의 뉴노멀이 겨냥한 H&M과 자라

2022년 유럽연합EU은 패스트패션을 환경오염의 주범으로 지적한 이후 미세플라스틱 사용 규제, 그린워싱 단속 등 강력한 규제안을 연이어 내놓았다. 같은 해 3월, EU집행위원회는 지속가능한 순환섬유전략Strategy for Sustainable and Circular Textiles을 발표했다. 유럽에서 유통되는 모든 패션 브랜드는 2030년까지 순환성과 지속가능성을 보장해야 한다는 내용이었다. 에코디자인 항목에서는 제품의 설계부터 폐기까지 환경을 고려할 것을 강제했다. 이에 따라 유럽에서 옷을 팔 기업은 섬유의 내구성을 높여 옷의 수명을 늘리고, 섬유 중 상당량을 리사이클링 섬유로 만들어야 한다. 옷에 대한 새로운 표준이 생긴 것이다.

EU가 직접적으로 브랜드명을 언급하진 않았지만 자라ZARA, H&M과 같은 패스트패션 브랜드를 겨냥한 것이나 다름없다. 빠른 트렌드 변화를 유도하며 다품종, 대량 생산으로 패션업계를 주도하던 패스트패션 브랜드들은 새로운 표준에 맞춘 옷을 만들기 위한 방안을 찾아내야만 했다. 2023년 유럽 폐기물 기본지침 개정Waste Framework Directive안에 따르면, 섬유제품을 생산하는 사람이 직접 폐기물을 재활용하도록 책임을 확대하는 생산자책임제도EPR가 발표되기도 했다.

H&M과 자라는 바로 행동에 착수했다. H&M은 비전 달성을 위한 구체적인 목표를 제시한다. 2020년까지는 100% 재활용 혹은 지속가능한 면을, 2030년까지는 100% 재활용 혹은 지속가능한 방식으로 만들어진 소재를 사용하고, 2040년까지는 기후 포지티브 기업이 되겠다고 약속한다. 지속가능성 비전을 제시하기 전인 2019년에만 H&M은 약 5억 3,700만 개의 페트병에 해당하는 재활용 폴리에스테르를 사용했다. 2020년 지속가능성 비전 제시 이후에도 섬유 재활용 기술을 발굴하고 적극 투자한다. 이런 노력을 글로벌 패션산업 전반에 전파한다. 제품이 어떻게, 어디서, 무엇으로 만들어지는지에 대한 정보를 공유하고, 제품의 환경 및 사회적 영향과 관련된 데이터를 공개하고 있다. 또한 소재와 제품의 출처 또는 위치를 추적하고 이를 관련 데이터로 연결하여 정책에

반영하도록 한다. 공급망과 함께 책임감 있고 지속가능한 가치 사슬을 형성하는 방법이다.

자라는 최종 고객들의 참여를 좀 더 촉구한다. 매장마다 헌옷수거함을 설치하고 옷을 기부하는 프로그램을 진행한다. 자라의 옷이 아니더라도 괜찮다. 수거된 의류는 자라와 협력하는 비영리단체를 통해 재활용된다. 재사용 가능한 제품은 필요한 사람들에게 전달되고, 재판매되어 사회복지기금을 마련하는 데 쓰인다. 재사용이 어려운 의류는 새로운 소재로 재생된다. 하지만 헌옷수거함이 다소 수동적인 조치이자 실효성이 지적받자 자라는 자사 의류의 중고거래 플랫폼인 자라 프리오운드ZARA Pre-Owned를 론칭했다. 이 플랫폼에서 고객은 사용했던 제품을 재판매하거나 수선해 옷을 더 오래 입는 데 참여한다. 자라는 2025년까지 모든 시장에서 이 플랫폼을 운영하는 것이 목표다. 그 외에 자라는 소재에도 진심이다. 미세플라스틱을 발생시키지 않는 천연소재를 사용하거나 폐플라스틱을 재활용한 원단을 도입하고, 폐기물제로 정책과 에너지 효율 매장 운영 방침을 실천하여 넷제로 목표를 위해 노력 중이다.

자라의 모기업인 인디텍스는 좀 더 산업적인 영역에서 변화를 이끈다. 바스프 홈케어BASF HomeCare, I&I 솔루션I&I Solution과 함께 손잡고 미세플라스틱 문제해결을 위한 세제를 만들어 출시한다. 최대 80%까지 미세플라스틱 배출량을 감소시키는 이 세제는 더 런드리The Laundry라는 이름으로 자라홈ZARA HOME에서 출시된다. 2023년 TIMA 국제 섬유 기술 박람회에서는 지놀로지아Jeanologia와 공동개발한 미세플라스틱 저감형 세탁기Air Fiber Washer도 공개했다. 물이나 열 대신 공기로 의류를 세탁해 초기에 방출되는 극세사 양을 줄이고 이를 수집해 재활용하는 구조다. 미세섬유의 배출은 곧 세탁되는 옷의 훼손이다. 세탁 과정에서 발생하는 미세섬유를 줄이면 직물의 수명이 연장되어 결과적으로 옷을 더 오랫동안 입을 수 있다.

이러한 변화를 이끈 EU의 강력한 정책과 의무화에는 의류 폐기물 문제의 심각성이 있다. 영국 BBC의 통계에 따르면 전 세계적으로 매년 9,200만 톤의 직물이 폐기된다.[4] 패션산업에서 발생시키는 온실가스 배출량은 전 세계 배출량의 10%를 차지하며, 폐수 또한 전 세계 배출량의 20%를 차지한다. 어떤 산업보다도 환경에 대한 책임감을 가져야 할 수준이다. 버려진 직물의 일부는 재활용되기도 하지만 그 비율은 전체 의

세탁 시 미세플라스틱 배출량을
감소시키는 세제 '더 런드리'
© ZARAHOME

류 폐기물의 1%에 불과하다.

패션과 섬유 기업들은 폐직물을 순환하기보다 폐플라스틱 병을 소재로 재활용 섬유를 뽑아내려고 한다. 최근에는 바이오 생분해성 소재를 활용한다. 그만큼 의류 재활용은 어렵다는 의미다. 의류의 기능을 다방면으로 높이기 위해 혼합 섬유로 만들어지기 때문에, 재활용에도 까다로운 수작업이 필요하다. 그래서 직물의 재활용은 품질이 떨어지는 다운사이클링Downcycling이 되는 것이 일반적이라 옷보다는 카펫이나 타일, 단열재로 재활용된다.[5]

밑창 나간 신발에 30년을 더하기_굿즈앤서비스

2023년 스니커즈와 관련된 두 개의 전시가 열렸다. 하나는 〈스니커즈 언박스드 서울〉로, 2021년 런던 디자인 뮤지엄에서 기획했다. 전시회에는 364종의 희귀 스니커즈가 진열되었다. 여기엔 신성 모독과 저작권 침해로 나이키에게 고소까지 당한 뉴욕 브루클린의 예술집단 미스치프MSCHF가 악마의 상징을 모두 털어 넣어 만든 사탄 슈즈Satan Shoes와 요단강에서 구한 성수聖水를 나이키 신발 밑창에 채운 지저스 슈즈Jesus Shoes도 있다. 신발을 해체하고 다른 소재와 결합해 완전히 새로운 신발로 만드는 헬렌 커큠Helen Kirkum의 작품도 관람할 수 있었다. 헬렌 커큠처럼 스니커즈를 해체하고 재배열하는 루디Rudy Lim 작가의 두 번째 개인전 〈Break up to Make up〉 역시 비슷한 시기 열렸다.

스니커즈가 영역을 넘나들며 주목받고 있는 것은 꽤나 오래된 일이다. 스니커즈를 수집하거나 이를 이용해 실험적인 작업을 하는 대부분의

미스치프가 만든 사탄 슈즈와 지저스 슈즈

사람들은 스니커즈나 농구, 스트릿 패션에 대한 애착과 추억으로 자신의 행보를 설명한다. 하지만 로리 포춘Rory Fortune은 좀 다르다. 그는 '나이키 신발을 한 켤레라도 갖고 있었는지 잘 모르겠다'고 말한다. 스니커즈를 해체해 밑창을 교체하는 서비스 브랜드 굿즈앤서비스Goods&Services의 창립자인 그는 그렇게 스니커즈 '알못'임을 고백한다. 한 마디의 말도 없이 나이키 덩크의 도안을 뜨고 커팅, 재봉, 조립까지 커스터마이징하는 30분짜리 영상을 보고 있으면 스니커즈가 한 켤레도 없었던 그가 어떻게 스니커즈 장인이 되었는지 궁금해진다.

마이클 조던 대신 스케이트보드와 펑크를 가까이했던 로리 포춘은 패션 디자인과 제품 개발에서 일했다. 신발수리점을 소유한 친구에게 취미로 구두 수선을 배웠고, 재미를 느껴 주말 일자리를 얻기까지 했다. 일본인 고객들을 상대로 몇몇 구두를 수선하며 본격적으로 사업할 결심도 했다. 그러나 남성복 트렌드에서 구두는 점차 그 비중이 줄고 있었다. 과거에는 '럭셔리 신발' 하면 구두였고, 스니커즈는 비교적 젊은 청년들이 활동성을 위해 신는 스트리트 패션이었다. 나이키의 도약 이후 스니커즈가 패션의 메인 스트림으로 부상하면서, 정장에 스니커즈나 운동화를 신은 힙합 패션이 보편화되었다. 로리 포춘은 리셀 시장이 형성될 정도로 스니커즈가 값비싸지는 것을 보며 사업 아이디어를 얻었다. 신발을 아끼고 오래 신고 싶은 이들을 위한 리솔 서비스 굿즈앤서비스의 시작이었다.

2016년 굿즈앤서비스를 시작한 이래 명확하지 않았던 브랜드의 타겟은 점차 구체화되었다. 신발을 사서 신지도 않고 그대로 아크릴 전시장에 보관을 하는 수집가 대상은 아니었다. 평상시 신는 신발의 밑창이 닳거나 갑피가 헤져 고치길 원하는 이들이 찾아왔다. 처음 구매했을 때의 상태로 완벽히 복원하길 원하는 이들의 요청은 수락하기 어려웠다. 오래된 것이 새것이 될 수도 없거니와, 공장에서 대량 생산된 스니커즈를 수작업으로 수선하기 위해선 필시 다른 종류의 장비와 재료가 필요했다. 최종적으로 이 브랜드는 에어 조던1의 하얀 중창과 붉은 밑창을 뜯어내고 검정, 하양, 빨강이 쌓아 올려진 새로운 디자인으로 완성시키는 커스터마이징 장인 브랜드로 거듭났다. 수선과 더불어 오리지널 스타일의 신발과 굿즈도 출시하여 튼튼하고 오래가는 슈즈 브랜드로 확장했다.

굿즈앤서비스는 오래된 스니커즈를
새로운 디자인으로 재탄생시킨다.

재활용 말고 고쳐서 오래 쓰는 문화로의 전환

맞춤형 수제 리솔 서비스이기 때문에 굿즈앤서비스는 예약제로만 진행된다. 버켄스탁 리솔은 120달러, 밑창 옆으로 돌출된 웰트가 있는 스니커즈는 300달러부터 시작된다. 한화로 약 20~40만 원으로, 저렴한 가격은 아니다. 일부 사례는 새 제품을 구매하는 것이 단기적으로는 더 합리적으로 보이기도 한다. 굿즈앤서비스는 자사 서비스가 '디자인 작업'이자 '재창조'라 말한다. 전통적인 신발 수리가 아니기 때문에 가능한 가격이라는 말이다. 기존 시장에 존재하지 않는 밑창을 조합할 수 있고, 주문자의 취향과 의견을 반영한 디자인의 신발들은 재봉 모양부터 파츠의 형태까지 미묘하게 달라 유일한 작품으로 완성된다.

주문자의 개성이 담긴 완성품과 더불어, 굿즈앤서비스의 강점은 서비스 자체가 친환경적이라는 데 있다. 애초에 폐기를 염두에 두고 개발된 스니커즈의 구조는 굿즈앤서비스의 리페어를 통해 반복해서 분해하고 고칠 수 있는 웰트 구성으로 바뀐다. 천연염료로 무두질한 천연가죽과 세계적인 아웃솔 브랜드 비브람Vibram의 밑창을 사용해 더 오래 신을 수 있도록 한다. 원하는 모양대로 튼튼하게 개조되었으니 수선 이후에도 폐기보다는 재수선을 선택할 확률로 높인다. 바닥이 낡으면 버리는 일회용품이 아니라 수선하여 계속 신는 작품이 되도록, 고객의 신발에 대한 인식을 바꾼다.

스니커즈 커스터마이징 서비스를 선보인 것이 굿즈앤서비스가 처음은 아니다. 일본의 커스텀숍 리쿠튀르Recouture가 대표적이다. 나이키 로고만 다른 패턴으로 바꾸거나 갑피를 다른 재질로 교체해주는 개인들도 존재

한다. 2021년 나이키는 커스터마이징 업체 드립크리에이션즈_{Dripcreationz}
와 그곳의 직원 출신인 커스터마이저를 고소했지만 스니커즈 개조는 끊
임없다. 커스터마이저들이 제공하는 개성, 그에 따른 애정과 지속성의
가치는 나이키 신제품만큼이나 높기 때문이다.

나이키는 2020년부터 무브 투 제로_{Move to Zero} 캠페인을 펼치며, 리페
어와 재활용, 기부 서비스를 확대하고 있다. 웹페이지를 통해 러닝화를
오래 신는 방법과 수선하는 방법을 공유한다. 2024년에는 일부 매장에
한해 의류 수선 서비스도 함께 받을 수 있다.

좋은 시도이지만 관점이 다르다. 나이키의 무브 투 제로는 재활용품
을 활용해 신제품을 만드는 것에 초점을 맞추고 있다. 나이키 제조 공장
의 폐기물을 칭하는 '우주 쓰레기'로 만든 '스페이스 히피' 라인의 신제품
처럼 말이다. 글로벌 제조 및 유통업과 밀접하게 연계된 나이키는 오래
되어 버려지는 자사 제품을 쓰레기로 매립하는 대신 또 다른 제품으로
재활용하는 선순환을 만드는 것에 힘을 싣고 있다. 반면 굿즈앤서비스는
더 오래 쓰고 다시 고쳐 쓰는 소비문화다. 이는 구매 이후 제품의 소비와
사용에 대한 전환이 생긴다는 것을 의미한다. 기후위기가 가속화되면서
소비에도 기준과 윤리가 강화되어야 한다는 의식이 생겼다. 브랜드들도
적극 나설 차례다.

식食
대체하기 vs. 더 다양한 옵션

비건을 선택하는 많은 소비자들이 개인적인 취향이나 동물복지 외에 특히 환경문제에서 '올바름'을 문제 삼는다. 꼭 비건이 아니더라도 적지 않은 이들이 동물복지 차원에서 소의 대량 사육과 쇠고기, 유제품의 소비를 줄여야 한다는 주장을 보편적 상식으로 받아들이고 있다. 그중 소가 배출하는 메탄이 가장 큰 문제로 지적된다. 전 세계의 소가 한 해에 방출하는 메탄은 약 1억 톤으로 전체 온실가스 배출량의 18%에 달한다.[6] 육식 소비가 줄면 소 사육량도 줄고, 결과적으로 온실가스 배출량도 줄어들 것이라는 기대, 정말 그럴까?

소의 기후변화 책임론은 오류로 보는 전문가들도 있다. 소, 양, 사슴 같은 반추동물은 풀을 뜯어 삼키면 장내 미생물의 도움을 받아 소화한다. 그 과정에서 메탄가스가 발생하지만, 문제가 될 정도는 아니다. 국내에서 사육되는 소가 한 해 동안 배출하는 메탄은 전체 온실가스 배출량의 0.7%를 차지한다. 여기에 소 분뇨에서 나오는 아산화질소를 더하면 소가 직접 배출하는 온실가스 배출량은 국내 전체 배출량의 1% 정도다.[7] 소가 '기후위기의 주범'은 아니다. 환경단체라면 이 사실을 알리고, 필요하다면 원리나 기술을 하나하나 설명하며 오해를 풀어야 할지 모른다.

그렇다면 지속가능성을 이야기하는 브랜드도 그래야 할까? 하나부터 열까지 주입시키기보다는 그저 표현을 정성껏 해주는 편이 맞다. 한눈에 쉽게 식별하고, 좀 더 가치있게 대할 수 있는 태도를 제안하는 것이다. 게다가 표현이라는 것은 필수 정보를 적절히 전달하는 역할도 한다. 모든 기능적 원리를 나열하는 것이 아니라 가장 중요한 정보를 선별하여 메시지와 이미지로 구성하는 것이다. 이런 것이야말로 브랜드라서 할 수 있는 일이다.

밀크를 밀크라 부르지 못해서_알프로의 낫밀크

다논Danone은 환경과 건강에 대한 소비자들의 인식 변화에 저항하기보다 미래를 위한 다른 옵션들을 내놓는다. 유제품이 환경에 좋지 않다는 인식을 극복하고자 구구절절 설명하는 대신 우유 공급망에서 발생하는 메탄가스 문제에 대응한다. 2020년에는 공급망을 개선하여 2018년 대비 14%의 메탄 배출량을 줄였다. 여기서 30%를 더 줄이기 위해 다논은 팜 파워드 전략 동맹Farm powered Strategic Alliance에 가입했다.[8] 이는 식음료 제조업계의 지속가능성을 만드는 뱅가드 리뉴어블Vanguard Renewable[9]이 유니레버, 스타벅스 등 식품기업, 낙농업자들과 함께 설립한 협력단체다. 주도 기업인 뱅가드 리뉴어블은 음식물 쓰레기를 재생에너지로 전환하고,

음식물 낭비를 방지하는 기업이다. 더 쉽게 이야기하면, 음식물 쓰레기와 동물 분뇨를 천연가스로 재활용하는 곳이다.

이를 위해서는 4단계 절차가 필요하다. 회원들은 폐기된 음식물, 유통기한이 지난 식품, 판매할 수 없고 안전하지 못한 식재료를 뱅가드 리뉴어블에게 전달한다. 리뉴어블은 폐자재 분리기로 유기성 폐기물을 전처리 한다. 미생물과 분뇨를 사용하여 유기물을 천연가스로 전환시킨다. 이렇게 생성된 천연가스는 전기, 열 및 운송 연료로 활용되며 온실가스 배출을 낮춘다. 회원 기업인 다논의 경우 우유 공급망들에게 저탄소 에너지를 전달해 탄소 발생을 줄이고, 식품업계 전체적으로는 음식물 쓰레기를 줄이고 순환하는 경제의 일원이 되는 셈이다.

다논은 젖소에서 짠 우유가 아닌 아몬드 등 식물을 원료로 만든 대체우유 개발과 실험에 적극적이다. 식물성 식품들은 코로나19 팬데믹을

© @alpro

다논의 대표적인 대체우유 브랜드 알프로는 '낫밀크'라는 메시지로 시장을 점유했다.

지나며 고객의 장바구니에 자연스럽게 포함되기 시작했다. 유제품의 높은 지방 함량은 건강에 좋지 못하다는 인식이 높아졌고, 동물성 식품에 대한 환경보호단체들의 반발이 결합됐다. 시대적 변화 속에서 다논은 2025년까지 대체우유를 비롯한 식물 원료 식품 비율을 현재의 15%에서 45%까지 끌어올린다는 목표를 내걸었다.

다논의 대표적인 대체우유 브랜드는 알프로$_{Alpro}$이다.[10] 1980년에 론칭된 벨기에 출신의 이 브랜드는 최근에 들어서야 'NOT m*lk'라는 메시지로 유럽의 대체우유 시장을 25% 이상 점유하는 데 성공했다. 유럽연합은 2017년 식물성 대체우유에 우유$_{milk}$ 명칭을 사용할 수 없도록 했는데, 이 규정에 따른 커뮤니케이션이 오히려 강렬하게 각인된 것이다.

유럽과 달리 미국은 '우유' 명칭 사용에 대한 논란이 계속되고 있다. 미국 낙농업계는 우유 시장의 15%를 점유하며 성장 중인 식물성 대체 음료업계가 '우유' 명칭을 무분별하게 사용 중이라며 규제를 요청했다. 2023년 2월 미국의 미국식품의약국$_{FDA}$은 논란의 '우유' 명칭을 식물성 음료에 허용했다. 단, '오트밀크', '아몬드밀크'처럼 재료명과 붙여 써야 하고, 우유보다 부족한 성분을 설명하는 라벨을 붙여야 했다. 2018년 FDA가 실시한 1만 3,000명의 소비자 의견 수렴 결과 소비자 상당수가 대체음료가 우유가 아니라는 것을 안다고 응답한 사실을 반영했다.

새로운 가이드는 낙농업계와 식물성 대체음료업계 모두의 반발을 샀다. 낙농업계는 대체음료에 여전히 '우유'라는 명칭을 사용하는 데 반대하며 수유 중인 동물에게서 나온 것이 아니라면 우유라는 이름을 붙여서는 안 된다고 주장한다. 식물성 제품을 옹호하는 사람들은 어떤 소비자도 아몬드밀크와 우유를 혼동하지 않는다며 아몬드 음료의 역사는 중세 시대까지 올라간다는 특별함을 강조했다.[11,12] 기존 낙농업체들의 반발이 더 크지만, 새 가이드의 방향성은 바뀌지 않을 것 같아 보인다.

밀크를 밀크라 부르지 못하더라도 오트밀크, 아몬드밀크를 비롯한 식물성 음료 카테고리는 미국 시장에서 대중화되고 있다. '오트밀크'라는 개념을 사람들에게 각인시킨 스웨덴 브랜드 오틀리Oatly가 나스닥 상장에 성공했으나 주문량만큼 제품을 공급하지 못해 주춤하는 사이, 대체우유 특히 오트밀크 경쟁이 시작됐다. '아이들을 위한 건강한 맛'을 내세우는 플래닛 오트Planet Oat, 유기농 재료를 자랑하는 캘리피아 팜즈Califia Farms, 콩으로 만든 리플푸드RippleFoods 같은 브랜드들이 등장하여 식물성 대체우유 카테고리를 확대하고 있다. 다논과 같은 거대 식음료 기업들도 식물성 음료 카테고리를 확장하며 실험 중이다.

꼭 사야 하는 비건 제품_풀무원, 저스트에그, 비욘드미트

기후위기에 책임을 지는 다논과 같은 식품 대기업들의 위기는 푸드테크 스타트업에게 기회이기도 하다. 그들은 식물성 대체음료 시장을 키우고, 음식 부산물에서 단백질을 만들어내는 마법을 부리고 있다. 국내 대표적인 식물성 지향 식품 브랜드 풀무원은 2024년 미국 채식 전문지 《베지뉴스VegNews》가 선정한 '꼭 사야 하는 비건 제품' 조사에서 2년 연속 2위에 오르며 1위 저스트 에그Just Egg, 3위 비욘드 미트Beyond Meat 제품과 어깨를 나란히 하게 되었다.[13]

저탄소 단백질 분야는 아직 실험이 진행 중이다. 임파서블 푸드와 비욘드 미트가 비싼 가격으로 고전하는 사이 다양한 시도가 이어졌다. 부드럽고 쫄깃한 식물성 육포를 선보여 아마존에서 품절 사태를 이은 한국의 비건 대체육 브랜드 언리미트Unlimeat는 대체육을 만든다. 기름을 짜내고 남은 대두 부산물과 현미 도정 과정에서 나오는 미강, 감자 전분, 완두콩, 콩 뿌리 추출물이 재료다. 한 마디로 '업사이클링 대체육'인 셈이다. 균류를 고기로 대체하거나 발효식품으로 식물성 고기를 만드는 시도도 있다. 영국에서 론칭한 퀀Quorn이 대표적이다. 퀀은 탄소배출량이 적은 단백질을 생산하기 위해 진균을 활용한 식물성 단백질 제품을 선보였다. 미국의 더 베터 미트THE BETTER MEAT CO.는 감자와 같은 식물성 재료를 발효하여 식물성 고기를 만든다.

© 언리미트

한국의 비건 대체육 브랜드, 언리미트는 콩을 주 재료로 하는
업사이클링 대체육 제품으로 주목받고 있다.

푸드, 확산의 빈도가 다르다

환경이 훼손됨으로써 우리에게 가장 직접적이고, 파괴적인 결과로 돌아오는 분야가 식품이다. 인간의 몸에 직접 작용하기 때문이다. 식품 생산성은 높아졌지만 동물 학대에 가까운 사육 환경, 항생제 투여, 화학물질 사용, 유전자 조작식품 등으로 생태계가 파괴되고 있다. 파타고니아가 2013년 프로비전을 설립해 식품 사업에 본격적으로 매진할 당시, '새 재킷은 5년에 한 번 혹은 10년에 한 번 정도 필요하지만 식품은 하루에 적어도 세 번 이상 필요로 한다'던 이본 쉬나드의 말이 떠오른다. 지구를 되살리는 사업을 하는 그가 바라보는 식품업은 확산의 빈도가 남다른 사업이다. 파타고니아는 바다에서 대량으로 잡은 연어가 아니라 지역 주민들이 강에서 몸에 상처를 내지 않는 방식으로 잡은 연어를 훈제해 제공한다. 파타고니아 연어를 식탁에서 만나는 소비자들은 잠시나마 연어를 둘러싼 생태계에 대해 생각할 것이다. 식탁에 비건, 대체우유, 버섯고기를 올린 소비자들도 마찬가지다. 구매의 빈도라는 측면에서 압도적인 비중의 식품은 가장 빈번하게 우리의 생활을, 생각을 바꿀 수 있는 분야이다.

주住
오래된 산업일수록 기술과 전문성 더하기

대부분 아파트 생활을 하는 한국 사람들은 거대한 콘크리트 덩어리 안에서 살고 있다고 할 수 있다. 이 콘크리트의 특징은 견고함이다. 양생이 잘 된 콘크리트는 서서히 분해된다. 지난 60년 동안 플라스틱 생산량은 총 80억 톤에 달하는데 시멘트산업은 그보다 많은 양을 2년마다 쏟아낸다. 생산의 전 과정을 합하면 콘크리트는 세계 이산화탄소 배출량의 4~8%를 차지한다. 콘크리트보다 온실가스를 많이 배출하는 원료는 석탄, 석유와 가스뿐이다. 플라스틱만큼이나 콘크리트도 문제가 심각하지만 정작 속에서 사는 우리들은 이를 모르거나, 생각하지 않는다.

2차 세계대전 이후 무너진 도시를 값싸고 튼튼하게 재건했던 건축자재 콘크리트는 수많은 주택, 교량, 댐, 쇼핑센터, 주차장 건설에 활용되었다. 르 코르뷔지에와 안도 다다오가 설계한 노출 콘크리트 건축물은 육중하면서도 간결한 아름다움을 완성했다. 또한 콘크리트는 두바이의 부르즈 칼리파 타워를 163층까지 초고층으로 올라가도록 만든 핵심 건축 재료로써 불가능을 가능하게 했다.

혹독한 기후로부터 우리를 보호해주던 콘크리트는 이제 기후를 더 악화시키는 주범이 되었다. 미국을 강타했던 태풍 카트리나와 하비의 영향으로 홍수에 휩쓸렸던 도시는 빗물을 흡수하지 못해 피해가 더 심각했다. 콘크리트로 만들어진 빗물 배수 시스템의 한계였다. 기후위기로 더 많은 혹한, 무더위, 더 심한 태풍과 폭우가 예상되고 이제 일기예보라는 말이 무색할 정도로 불확실성이 증가하고 있다.

만약 우리 브랜드의 핵심 사업이 환경 파괴에 일조하는 한계가 발견되었다면 그 사업을 접어야 할까? 그렇게 과감하고 자기부정적인 결정은 쉽지 않다. 브랜드가 할 수 있는 더 나은 선택은 기존에 쓰이던 핵심 소재를 친환경적인 방식으로 전환할 수 있는 기술적 방법을 강구하는 것이다. 지금까지 지탱해왔던 산업이 유지되면서도 미래 소재를 통해 기존 사업을 영위할 수 있도록 말이다. 콘크리트라는 건축 자재의 생산 과정을 혁신한 카본큐어CarbonCure도 그렇게 등장했다.

일론 머스크도 베팅하는 저탄소 솔루션 콘크리트_카본큐어

카본큐어는 2012년 설립된 캐나다의 저탄소 콘크리트 스타트업으로 액상 이산화탄소를 콘크리트에 주입해 시멘트 사용량을 줄이는 공법을 세계 최초로 상용화했다. 콘크리트는 시멘트와 클링커 등의 조합으로 만들어진다. 클링커는 1,450도 이상의 고온에서 석회석을 구워 생산하는데, 석회석을 채굴하는 과정과 고온을 유지하는 과정에서 다량의 이산화탄소가 발생한다. 카본큐어는 클링커 생산 과정에서 발생한 이산화탄소를 포집해서 콘크리트 생산 시 다시 주입하는 솔루션을 생산 시설에 직접 적용하여 전 세계의 주목을 받았다. 이 솔루션은 탄소를 재활용할 수 있어 환경에 긍정적일 뿐만 아니라 콘크리트의 강도를 높이고 시멘트 함량을 줄여 시멘트 구매 비용을 낮춘다.

카본큐어는 2021년 일론 머스크가 상금 2,000만 달러를 내걸어 주목받은 저탄소 솔루션 엑스프라이즈Carbon XPRIZE에서 최종 우승해 저탄소 콘크리트 업계 대표주자로 떠올랐다. 현재까지 상용화된 저탄소 콘크리트 기술 중 성숙도와 활용도가 가장 높은 것으로 평가받으며 삼성물산, MS, 아마존 등으로부터 8,000만 달러 규모의 투자를 유치했다. 2024년 상반기 기준 30개국 750개 이상의 콘크리트 회사에 솔루션을 판매 중이다.

아마존, 링크드인, GM, 맥도날드 등 여러 기업이 새로운 공장, 데이터센터, 창고, 사무실 등을 건설할 때 카본큐어의 솔루션을 선택했다. 최근에는 콘크리트 트럭을 세척할 때 발생하는 폐수에 이산화탄소를 주입해 강도가 높고 탄소를 영구 저장하는 콘크리트를 생산하는 기술개발에도 성공했다. 저탄소 콘크리트 솔루션으로 카본큐어는 2024년초 40만 톤의 이산화탄소를 대기 중에서 제거했다. 카본큐어의 CEO 로버트 니븐Robert Niven은 매년 5억 톤의 탄소를 감량하는 것이 목표라 밝혔다. 이는 매년 자동차 1억 대를 도로에서 퇴출시키는 것과 같은 효과이다.

100% 재활용 콘크리트 건축물의 등장_르씨제니

카본큐어가 저탄소 콘크리트 솔루션을 제안했다면, 건물 자체를 재활용 콘크리트로 지은 사례도 있다. 르씨제니Recygénie는 세계 최초의 완전 재활용 콘크리트 건물로, 글로벌 1위 콘크리트 기업 홀심Holcim과 프랑스의 사회주택 개발업체 시퀀스Seqens가 협력 개발한 총 220세대의 친환경 주택 프로젝트다. 홀심은 대표적인 글로벌 건설자재 회사로 친환경, 재활용 사업으로의 전환을 적극적으로 추진하고 있다. 르씨제니 주거의 가장 큰 특징도 홀심의 '에코사이클' 기술을 활용하여 재활용된 콘크리트를 사용했다는 점이다. 에코사이클은 건물을 철거하고 남은 잔해물과 건설 폐기물을 재활용하여 콘크리트를 제작하는 기술이다. 이 기술 덕분에 르씨제니 건설 과정에서 약 6,000톤의 천연자원을 절약했다.

홀심의 지속가능한 솔루션은 50년 된 유럽 특허청 건물을 리노베이션 하는 프로젝트에도 사용되었다. 일반 콘크리트에 비해 이산화탄소배출량을 38% 감량하는 저탄소 콘크리트인 에코팩트ECOPact를 사용했으며, 에코사이클 기술로 시멘트, 골재, 콘크리트 등 건설 철거 재료를 재활용해 재료 소비량 26%를 줄일 수 있었다. 친환경 단열재 아이소가드Isoguard를 사용해 에너지 효율을 높였고, 지열과 태양열을 수집할 수 있는 전지판과 펌프를 설치해 건설 이후 주거의 지속가능성까지 고려했다.

건물 하나를 짓는데 저탄소 콘크리트와 재활용 콘크리트를 사용해 완공하는 것은 그 자체로 의미가 있을 뿐 아니라 콘크리트 건축의 새로운 쓰임과 가능성을 보여준다는 점에서 더 많은 사례가 등장하기를 기대하게 한다. 콘크리트가 인류에게 제공했던 견고한 가성비를 생각한다면 이

© @holcimbydesign

The first fully recycled concrete building in the world

세계 최초로 완전 재활용
콘크리트로 지은 친환경 주택,
르씨제니

러한 효율을 친환경적으로 누릴 수 있는 가능성을 보여주는 중요한 샘플
이 될 수 있기 때문이다.

전문가로서의 진검승부가 필요한 때

1912년 스위스에서 시작된 홀심의 사명은 스위스의 지명 홀데르방크
Holderbank와 시멘트Ciments를 합성한 것이다. 콘크리트의 주재료인 시멘트
가 얼마나 오래되고 중요한지 가늠할 수 있는 대목이다. 홀심은 시대와
환경이 달라졌다고 기업의 기원인 시멘트 자체를 부정하지 않는다. 업종
을 바꾸거나 '그때는 맞고 지금은 틀리다'는 식보다는, 저탄소 시멘트 및
콘크리트 제품군인 에코플래닛ECOPlanet과 에코팩트를 통해 기존 산업을
혁신시키는 방법을 선택한다.

지속가능성을 중심에 둔 이러한 변화는 2018년 얀 예니시Jan Jenish가

CEO로 취임하면서 본격화되었다. 그는 순환형 건설과 탈탄소화를 회사의 주요 목표로 설정했다. 이들의 기록을 살펴보면 2021년까지 5,400만 톤의 건설 재료를 재활용했으며, 2030년까지 1억 톤에 도달하는 것이 목표다. 이를 위해 새로운 기술을 발전시키는 한편 태양열 뗏목 서큘러 익스플로러Circular Explorer를 필리핀 마닐라 만에서 운영해 해양 플라스틱 폐기물을 회수하는 일도 병행하고 있다.

소재뿐만 아니라 설계 단계에서도 지속가능성을 고려할 수 있다. 건축가 노먼 포스터Norman Foster가 그렇다. 미국 실리콘밸리의 중심, 캘리포니아 쿠퍼티노에 자리 잡은 애플파크는 우주선 캠퍼스라는 애칭으로 불린다. 애플파크는 혁신, 디자인, 지속가능성에 대한 애플의 변함없는 헌신을 보여주는 상징적인 공간이다. 그 시작은 스티브 잡스였다. 그는 업무

© 위키피디아

현대 하이테크 건축의 대가, 노먼 포스터의 지속가능한 건축철학을 오롯이 담은 애플파크

공간으로서의 역할뿐 아니라 창의성이 발현되고 직원들이 원활하게 협업할 수 있는 미래 지향적이고 친환경적인 캠퍼스를 꿈꿨다. 노먼 포스트는 애플과 함께 원대한 비전을 공유했다. 그리고 미학과 기능성을 매끄럽게 결합하여 인간 경험을 향상시키는 공간을 창조하려는 자신의 건축 철학을 애플파크를 통해 실현했다.

애플파크에서 가장 눈에 띄는 지점은 압도적인 스케일과 원형 모양으로 형성된 건물 구조다. 원형 디자인은 캠퍼스의 지속가능성에서도 중요한 역할을 한다. 자연 환기를 촉진하여 에너지 소비가 많은 에어컨 사용을 줄이고 전반적인 에너지 효율을 향상시켰다. 또한 곡면 유리를 광범위하게 사용하여 아름다운 전망을 제공할 뿐만 아니라 자연 채광을 극대화하여 낮 시간 동안 인공조명에 대한 의존도를 줄이면서 개방적이고 매력적인 분위기를 조성한다.

이보다 앞서 노먼 포스터는 건축의 노벨상이라 불리는 플리츠커 상의 영광을 안겨준 영국 맥라렌 테크놀로지 센터를 짓기도 했다. 맥라렌 테크놀로지 센터는 맥라렌 그룹과 맥라렌 혼다의 사무실로 사용됨과 동시에 각종 자동차 관련 실험과 연구가 이뤄지는 공간이다. 센터의 가장 큰 특징은 건물과 호수의 조화인데, 호수는 멋진 경관을 만들면서 지속가능한 기능을 동시에 수행한다. 맥라렌 테크놀로지 센터의 호수는 자동차 풍동 실험을 진행할 때 풍동 장치를 냉각시키고 지하에 위치한 자동차 생산 라인에 신선한 공기를 공급하는 역할을 한다.

맥라렌은 공기 역학 테스트 공간인 윈드터널도 갖추고 있다. F1 경기 기록에 영향을 미칠 수 있는 미세한 공기의 흐름까지 측정하기 위해 설

맥라렌 테크놀로지 센터의 호수는 열기를 냉각시켜 주변의 야생 서식지를 보호하고, 물고기가 서식할 수 있을 정도로 맑다.

치한 이 터널은 작동할 때마다 엄청난 열기를 내뿜는다. 이 열기가 그대로 방출되면 주변의 야생 서식지에 악영향을 미치는데, 연못은 터널에서 빠져나오는 열기를 냉각시켜 환경을 보호한다. 자동 세척 기능을 갖춘 태극 형태의 곡선 지붕에서는 물이 흘러나와 호수가 일정한 수위를 유지하도록 돕는다. 그렇다고 호수가 오염되는 것도 아니다. 물고기가 서식할 정도로 호수는 맑다.

콘크리트를 사용해 대규모 건설을 활발히 진행하면서 기업 홍보를 위해 재활용 소재로 만든 굿즈를 배포하는 모습을 바라보면 커다란 의문이 생긴다. 콘크리트를 주원료로 사용해 사업을 영위해온 기업에게 지금 시급한 것은 건설업을 예쁘게 포장하는 것이 아니다. 이 산업을 누구보다 잘 아는 전문가로서 지금까지와는 다른 방향이지만 반드시 필요한 친환경적인 기술과 솔루션을 통해 변화를 만드는 일일 것이다. 일단 지금 당장 할 수 있는 일을 하면서 말이다.

일례로 삼성물산은 역대 최고 분양가를 예상하는 반포1단지에 일반 콘크리트 대비 탄소 배출량을 약 40% 낮춘 저탄소 콘크리트, 그리고 탄소배출량을 70% 낮출 수 있는 '제로 시멘트' 보도블록을 적용할 예정이다. 일정 비율 이상의 시멘트를 섞지 않으면 안전성이 급격하게 떨어지는 딜레마는 있지만, 모든 것을 바꿀 수 없기에 하지 않는다는 입장이 아니라 할 수 있는 범위를 조금씩 늘리면서 변화하는 현실적이고 단계적인 접근이 필요하다.

기후위기는 자칫 브랜드들을 무력하게 만든다. '쓰레기의 주범이라니, 옷을 만들지 말라는 말인가?', 'IT가 탄소 발생의 주범이라니, 스마트폰을 버려야 하나?', '축산업이 온실가스 발생의 주범이라니 앞으로는 모두가 채식을 해야 하나?'라는 솔루션 없는 결론으로 치달을 수도 있으나 이는 그렇게 단순한 문제가 아니다. 앞으로 고민할 것은 '어떻게 무엇으로 만들 것인가?', '구매 방식을 어떻게 바꿀 것인가?' 같은 새로운 고민이다. 기후위기가 두려워 사업을 접거나 환경오염을 걱정해 의식주 브랜드를 포기할 수는 없는 노릇이다. 패러다임이 바뀌는 시기엔 무언가 기여할 만한 것을 가지고 있는 것이 절대적으로 유리하고, 그 관련성을 채워주는 일은 기술의 몫이다. 그 어떤 때보다 각 업계의 사정과 사이클을 잘 아는 전문가와 문제를 해결할 새로운 전문가가 필요한 시점이다.

용用
뜻밖의 빌런, AI

세계 최대 정보기술·가전 전시회 CES 2025의 주인공은 AI였다. 기조연설에 나선 엔비디아NVIDIA의 젠슨 황은 'AI가 놀라운 속도로 진보하고 있다'며 생성형 AI 시대를 넘어 '처리와 추론, 계획과 행동이 가능한 물리 AIPhysical AI'의 시대가 도래했음을 선언했다. 챗GPT 같은 혁신이 로보틱스 분야를 강타할 것이라고 예측하며 AI가 단순한 도구에서 인간의 동반자로 변모하고 있음을 강조했다.

　AI의 발전이 가져올 무한한 가능성 이면에는 잘 드러나지 않는 그림자가 존재한다. AI는 막대한 컴퓨팅 자원을 요구하며, 이는 곧 엄청난 이산화탄소 배출로 이어진다. 스트리밍 영상을 한 시간 동안 보면 자동차가 1km 달릴 때와 비슷한 양의 탄소가 나온다. 무심코 스마트폰으로 본 1분짜리 틱톡 영상은 탄소 2.63g을 내보낸다. 출근 시간 30분 동안 유튜브를 들여다봤다면, 13.8g의 탄소를 내뿜은 것이다.[14] 스마트폰을 들여

다보는 것은 겉으로 볼 때는 환경오염과 아무런 관련이 없는 것처럼 보이지만 이메일 한 통을 보낼 때마다, 간단한 검색을 할 때마다 이산화탄소가 배출된다. 우리가 누리는 편리만큼 지구에 나쁘다.

생성형 AI는 이보다 심각하다. 일반적인 웹 검색보다 온실가스 배출량이 더 많다는 것이 정설이다. 2019년 미국 매사추세츠 대학교의 엠마 스트루벨Emma Strubell 교수 연구진은 대형 AI 모델 훈련 시 283톤의 이산화탄소가 배출된다는 사실을 밝혀냈다. 이는 자동차의 제조부터 폐기까지 배출되는 이산화탄소 양의 약 5배에 해당한다. 구글의 AI 모델 버트BERT는 한 번 훈련할 때마다 약 652kg의 이산화탄소를 배출하는데, 미국을 왕복하는 비행기의 승객 한 명의 배출하는 이산화탄소 총량과 비슷하다.

디지털 전환과 IT 발전이 환경 재난으로 이어질 수 있다는 우려가 과하지 않다. AI의 발전이 넷제로Net-Zero와 상충되기 때문이다. 온실가스 배출량과 흡수량을 같도록 해 순Net 배출을 0Zero으로 만드는 것이 목표인 넷제로에 많은 IT기업들이 동참해왔다. 하지만 AI로 인해 그 양상이 바뀐 것이다. AI는 넷제로 관점에서 해결하기 어려운 적이다. 소비자에게 스마트폰과 AI는 소프트웨어이고, 사용으로 인해 기후에 악영향을 끼친다는 감각을 느끼기 어려운 영역이다. 공급자 입장에서는 막대한 탄소를 배출시키지만, 엄연히 인프라에 투자한 결과물이다.

빅테크 기업은 히어로가 될 수 있을까

빅테크 기업들은 2030 넷제로 달성에 대해 낙관적이었다. 실제로 재생에너지 투자와 탄소배출 감축으로 넷제로를 추진하고 있었다. 인권과 지역 사회, 기후문제 해결에 적극적으로 노력했고, 그렇게 하는 것이 세상을 바르게 이끄는 일이라고 생각했다. 언젠가는 메일, 검색, 유튜브, 지도 서비스를 써도 탄소가 전혀 배출되지 않는 날이 올 거라고 장담했다. 이 낙관적인 전망은 AI산업이 급성장하며 흔들리기 시작했다. 구글의 탄소배출량은 3년 만에 66% 증가했다. 2022년 마이크로소프트의 온실가스배출량은 3년 전보다 29.1% 증가했으며, 메타도 2022년에 1,401만 톤의 탄소를 배출했다. 국제에너지기구IEA는 2026년까지 전 세계 데이터센터가 사용하는 총 전력 소비량이 2022년 대비 두 배 증가할 것으로 전망하고 있다.

AI 모델 개발과 훈련에 필요한 데이터센터의 전력 소비량이 급증했기 때문이다. 개인용 노트북을 오래 켜두면 열기가 느껴지듯, 데이터센터도 마찬가지다. 데이터센터는 24시간 365일 운용되는 랙Racks으로 가득 찬 건물이다. 게다가 데이터는 오류와 분실을 방지하기 위해 안전하게 몇 번이나 백업된다. 데이터센터는 데이터 운용과 냉방을 위해 24시간 전력을 사용한다. 국제에너지기구 미국 에너지관리청 데이터에 따르면 2019년 1년 동안 글로벌 데이터센터에서 사용한 전력량은 200 테라와트시TWh로, 남아프리카 공화국의 전기 소비량과 비슷했다.[15] 챗GPT 등장 이후 인공지능은 충격적인 속도로 발전 중이고, 빅테크 기업들은 연간 6,000억 달러를 투자하며 기술 경쟁 중이다. 그들은 재생에너지만으로는 AI의 발전 속도를 감당할 수 없다고 고백한다. 계산대로라면 5년 내 원전 53기가 추가로 필요하다.[16]

넷제로 실현을 목표로 하는 데 AI가 뜻밖의 빌런으로 등장했지만, 빅테크 기업들에게는 포기할 수 없는 미래이기도 하다. 여느 히어로 영화에서처럼 결국 '문명이 자연을 파괴한다'는 아주 간단한 시놉시스부터 떠오르지만, 현실은 영화가 아니다. 현실이기에 오히려 다른 결말을 기대하게 되기도 한다.

구글은 2030 넷제로 달성을 위한 탄소 상쇄 프로젝트에서 벗어나겠다고 선언했다. 데이터센터와 사업장에서 배출되는 탄소배출량을 직접 줄이겠다며, 2022년에는 탄소제거시장CDR을 촉진하는 기금에 약 2,700억 원을 기부했다. 참 인더스트리얼Charm Industrial, 리토스 카본Lithos Carbon, 카본 캡처Carbon Capture와 6만 2,500톤의 탄소제거 계약을 맺기도 했다.

챗GPT에 이어, 코파일럿Co-pilot을 론칭한 마이크로소프트도 마찬가지이다. 그들은 탄소포집 및 저장 회사인 원포인트파이브1PointFive의 탄소제거 크레딧을 6년간 50만 톤 구매하겠다고 발표했다. 석유와 가스 기업이면서 동시에 탄소포집 분야에서 선도적인 기술을 보유한 옥시덴털의 자회사 원포인트파이브는 미국 텍사스에 세계 최대 규모의 이산화탄소 직접공기포집DAC 시설을 만들고 있으며, 2024년 가동할 예정이다. 아마존도 원포인트파이브의 탄소제거 크레딧을 10년간 25만 톤 구매하겠다고 발표했다. 공기에서 이산화탄소를 직접 제거하는 기술은 향후 4,000조 원 시장으로 성장할 전망이다.

물론 직접탄소제거가 기후위기의 해답은 아니다. 탄소배출량 상쇄 전략의 또 다른 이름일 뿐이다. 탄소배출량이 적고, 에너지 효율이 높은 에너지가 필요하다. 구글은 아직은 공상과학의 영역이지만 일찍부터 상온핵융합 연구에 돈을 썼고, 마이크로소프트의 창업자 빌 게이츠는 테라파

위[17]를 통해 소형모듈원전 기술SMR의 상용화에 힘을 쏟고 있다. AI를 클라우드가 아니라 온디바이스 형태로 운용하는 애플이나 삼성의 전략이 답인지도 모른다. 클린 에너지와 탄소직접포집을 향한 기업들의 노력이 AI 상용화와 함께 더 본격적으로 가시화되고 있다. 미래 기술로 돈을 벌기 위해 미래 기술에 돈을 써야 하는 릴레이가 시작된 것이다. 세계를 구할 영웅이 누가 될지 결말이 궁금하지만, 엔딩 크레딧이 올라갈 때까지 기다리기엔 우리에게 시간이 부족하다. 히어로의 등장을 마냥 기다리는 것보다 당장 할 수 있는 것을 하는 것이 우리의 현실이다.

가장 콘텐츠 기업다운 방식으로_넷플릭스

현실적인 이야기를 하자면, 우리 일상에서 가장 가까운 플랫폼인 넷플릭스에서 시작할 수 있다. 넷플릭스는 콘텐츠 제작 과정에서 발생되는 탄소배출을 다각적으로 저감한다. 우선 그들은 제작 현장에 전기차를 도입했고, 스태프들의 이동 시 전용기 대신 일반 비행기를 이용하도록 촉구했다. 제작 단계에서 사용되는 에너지와 관련해서는 기존의 디젤 발전기를 친환경수소 발전 장치 및 휴대용 전기 배터리로 교체했다. 이를 통해 프로덕션에서 사용되는 연료량 10만 3,000리터를 절감할 수 있었다. 시청자가 스트리밍으로 영상을 한 시간 시청할 경우, 탄소가 100g가량 생성된다는 연구 결과를 내놓으며 해결책도 제안했다. 에너지 공급 시설, 부대 시설 소유주, 스트리밍 파트너들과 협력해 재생 가능한 전기 에너지로의 전환을 모색했다.

이 모든 노력에도 넷플릭스가 줄일 수 있는 탄소량은 전체 탄소배출량

의 45% 정도이다. 그 나머지에 해당하는 55%는 생태계 재생에 적극적
으로 투자하여 배출량을 상쇄하는 방식으로 넷제로를 달성하겠다고 밝
혔다. 북미 최대 대초원 보존 프로젝트인 오리건 라이트닝 크리크 렌치
Lightning Creek Ranch, 케냐의 건조지대 산림 보호 및 밀렵 방지를 위한 프로
젝트 등에 넷플릭스가 투자하는 이유다.

넷플릭스의 지속가능성과 ESG 활동에서 주목할 점은 투명하게 성과
를 공개하고 그들의 관점을 콘텐츠로 제작하여 고객의 공감 영역으로 확
장한다는 점이다. 지구 생태계와 생물의 상호의존성을 다룬 다큐멘터리
〈나의 문어 선생님〉, 〈잭 에프론의 다운 투 어스〉, 마니아들 사이에서 다
큐멘터리계의 문화재로 평가받는 〈우리의 지구〉, 〈당신과 자연의 대결〉
등 다양한 환경 관련 콘텐츠를 접한 고객은 전 세계 1억 6,000만 가구에
달한다. 이는 넷플릭스 전체 회원의 약 70%에 해당하는 숫자이다. 넷플
릭스의 자체 제작 다큐멘터리는 많은 인기를 끌며 환경문제에 대한 대중
들의 시각을 전환하는 역할을 자처한다. 어쩌면 가장 콘텐츠 기업다운
방식이기도 하다.

세상에서 가장 추운 룰레오 데이터센터

생성형 AI에게 여행 계획을 짜라고 하는 것은 그 계획대로 비행기를 타
는 것만큼 탄소를 많이 배출한다. 정확한 수치를 비교하지 않더라도 우
리는 이제 AI가 환경문제에서 자유로울 수 없다는 사실을 안다. AI에 전
력 질주 중인 빅테크 기업들은 탄소배출량이 적고, 효율이 높은 에너지
를 개발하기 위해 노력 중이다. 한편 지속가능한 에너지로 AI가 배출하

는 탄소를 줄일 수 있다는 것은 환상이라는 주장도 커지고 있다. 그린AI 개념이 등장한 이유이다. 그린AI는 2019년 미국의 앨런 AI 인스티튜트 Allen Institute for Artificial Intelligence가 발표한 논문 제목으로, 내용을 요약하자면 AI도 지속가능해야 한다는 이야기이다.

그린AI에서는 지금의 AI를 '레드AI'로 규정하며 기존 AI 소프트웨어나 하드웨어보다 에너지를 적게 쓰는 기술로 변해야 한다고 말한다. 전문가들은 AI를 작동시키는 알고리즘을 효율적으로 구성하거나, 하드웨어 기술을 혁신시키는 것으로 전력 소모를 줄일 수 있다고 말한다. GPU 기업인 엔비디아가 주요 성능 중 하나로 에너지 효율을 꼽고 있는 것처럼, 에너지 자체보다 AI가 에너지를 덜 쓰게 하는 기술적인 문제다. 데이터센터의 전력량을 최소화하고 에너지 효율을 높인 그린 데이터센터 확보에 글로벌 빅테크들이 뛰어드는 이유이다.

메타Meta는 전 세계 13억 2,000만 명의 사용자를 거느리며, 매달 300억 장의 사진을 생성한다. 데이터센터를 전 세계로 확장하고, 규모를 크게 늘려도 언제나 부족하다. 페이스북으로 창업했던 초기에는 호스팅 업체의 데이터센터 일부를 빌려도 충분했지만 2011년부터는 자체 데이터센터가 필요했다. 메타는 데이터센터를 건설하기로 했다. 원칙은 그린 데이터센터로, 환경에 대한 영향은 최소화하되 에너지와 수자원 효율성은 최대화하는 설계다. 메타가 현재까지 친환경 데이터센터 건설과 운영에 투자한 규모는 160억 달러로 한화로 18조 8,500억 원[18] 이상이다.

그린 데이터센터에서 가장 중요한 것은 서버 냉각 솔루션이다. 메타는 전력량이 많이 소비되는 서버 냉각을 위해 세계 곳곳에 자연 에너지를

룰레오 데이터센터의 냉각팬과 외관 전경

활용할 수 있는 유리한 고지를 선점하고 있다. 메타가 최초로 미국 밖에 세운 룰레오Luleå 데이터센터가 좋은 예이다.

데이터센터가 위치한 스웨덴 룰레오는 북극과 96km 정도 떨어져 있어 기후가 일년 내내 서늘하다. 수력 발전으로 전 세계에서 전기세가 가장 저렴한 곳이기도 하다. 2013년 메타는 룰레오에 데이터센터를 건립하며 설계 구조부터 서늘한 기온을 최대한 활용했다. 데이터센터 공간 구성을 레고블록처럼 만들어 서버와 네트워크 장비 등을 보관하는 공간에 공기가 잘 순환되고, 상황에 따라 공간을 쉽게 바꿀 수 있도록 했다.

룰레오 데이터센터의 이로움은 환경에만 그치지 않는다. 데이터센터는 세워지기 전부터 지역 경제에 일자리를 만들어내며 산업 지형을 바꾸고 있다. 데이터센터 운용 직원은 200명 미만이지만, 데이터센터를 짓는 동안 1,000여 개의 일용직 일자리가 생겼고, 건설 후에도 100여 개의 지역 일자리가 생겼다. 룰레오는 전통적인 철강 산업 도시였으나, 메타가 데이터센터를 건립하면서 데이터센터 및 기타 에너지 집약 산업이 새로운 먹거리로 등장했다. 메타를 시작으로 스웨덴의 기후적 이점을 알아본 글로벌 기업들이 데이터센터를 건립하기 시작했기 때문이다. 독일 자동차 제조업체 BMW 역시 룰레오에 데이터센터를 세웠고, 이 외에도 18개 이상의 회사가 룰레오에 데이터센터를 운영하고 있다. 2025년까지 스웨덴의 데이터센터 관련 인력은 3만 명 이상일 것이라 예측된다. 스웨덴 철강산업 종사 인력의 두 배에 달하는 숫자다. 이른바 '페이스북 효과'다.[19]

메타뿐만 아니라 이미 많은 기업이 기후변화에 발맞춰 변화와 실험을

© MS   마이크로소프트는 해저에 데이터센터를 넣었다. 차가운 북해 심해에서 열을 식힌다.

해왔다. 마이크로소프트MS는 2013년부터 해저에서 데이터센터를 운영하는 나틱 프로젝트Natick Project를 추진했다. 2018년 스코틀랜드 오크니Orkney 제도 해저 36m에 864대의 서버가 포함된 데이터센터를 넣었다. 대규모 데이터센터에서 나오는 열을 차가운 북해 심해에서 식히고 해상의 풍력, 조력 등을 통해 친환경적인 에너지를 공급받을 수 있었다. 이 실험을 통해 MS는 친환경 에너지의 가능성, 해저에서의 효율적인 냉각 가능성, 해저에서 육상보다 서버 고장률이 8배 낮다는 안전성 등을 확인했고, 로봇을 활용한 데이터센터 자동화 기술의 가능성도 확인했다.

이후 이들이 주력하고 있는 실험은 AI 슈퍼컴퓨터 전용 데이터센터 스타게이트 프로젝트이다. 오픈 AI와 협력해 AI 슈퍼컴퓨터용 데이터센터를 구축하며, 이를 지원하기 위해 모듈형 원자로 건설을 추진하고 있다. 거부할 수 없이 AI 시대를 살게된 인류에게 재생에너지뿐 아니라 다른 방식의 실험이 필요하게 된 것이다.[20]

양날의 검, AI와 기후변화

AI는 이미 충격적인 속도로 앞서고 있다. IT 거물들은 AI가 가진 위험성 자체에 주목하며 발전 속도를 늦춰야 한다고 주장하지만 그럴 수 있는 기업은 없다. 발전 속도가 너무 빨라 뒤쳐질 수 있기 때문이다. 우리에게 지금 필요한 것은 히어로 같은 완벽한 해결책이 아니다. AI 기술의 탄소 배출에 대한 엄밀한 환경적 기준을 세우는 현실적 규제가 필요하다. 그렇게 된다면 스웨덴 룰레오의 청정 자연을 통해 더 현명한 연결성을 구현한 메타처럼 다른 기업도 더 청정하게 진보할 방법을 찾을 것이다. 합의된 환경적 기준에 따르는 AI는 기후변화에 대응하는 강력한 도구가 될 수 있다. 그 도구로 어떤 미래를 만들어낼지는 우리의 선택이다.

'기후테크', '폐기물 재활용' 분야에서 AI의 인간을 넘는 학습력과 예측, 실시간 대응력을 활용하려는 기업들의 시도는 계속 되고 있다.[21] IBM은 2024년부터 이상기후 피해를 완화하거나 회복할 수 있는 기후 적응 기술 스타트업에 약 591억 원을 투자했다.[22] 폐기물 분류, 관리도 AI의 활용이 유리한 분야이다. 전라남도는 2025년부터 AI와 드론을 통해 해양 쓰레기를 모니터링하는 시스템을 구축한다. 드론이 실시간으로 기상 상태와 해양 쓰레기 상황을 감시하고 이상 징후를 알리면, AI가 해양 쓰레기 집중 지역과 계절별 쓰레기 유입 경로를 예측하여 수거 효율을 높이는 방식이다.[23]

2025년은 미국 LA 팰리세이즈와 이튼 지역에서 발생한 대형 산불로 불길하게 시작되었다. LA 산불의 원인은 다양하지만 가장 큰 이유로는 이상기후의 일상화로 분석되고 있다. 불길은 달에 인간을 다시 보내겠다는 아르테미스 계획을 추진 중인 나사NASA의 뒷산까지 번졌고, 경제적 피해는 237조 원에 이를 것으로 예측된다. 우리나라 2025년 예산의 약 35%에 해당하는 피해이다. 인간을 달에 보내는 것도 기술이고, 예측이 어려운 이상기후를 예측하며 해양 쓰레기의 실시간 흐름을 예측하는 것도 기술이다.

한걸음 더 나아간 기술도 있다. 엔비디아NVIDIA는 2024년 7월 대만기상청CWA과 함께 태풍 개미의 경로를 예측했다. 이 과정에서 기존 모델보다 12배 높은 해상도를 제공하는 AI 기반 기상 예측 생성형 모델, 코디프CorrDiff를 활용했다. 같은 해 11월, 엔비디아는 코디프가 포함된 AI 기후 예측 플랫폼 어스-2Earth-2를 발표해, 기후테크 기업들이 자체 AI 모델을 개발할 수 있도록 지원했다. 마이크로소프트도 같은 해, 기존 슈퍼컴퓨터보다 5,000배 빠른 예측 모델 오로라Aurora를 발표했고, 구글도 대기와 해양 순환 모델인 뉴럴GCMGeneral Circulation Model을 발표하였다. 생성형 AI를 활용한 기후 예측은 기존 방법으로는 수십 년 걸릴 시간을 획기적으로 단축한다.[24]

기술의 경쟁은 새로운 환경의 위협을 만들고 있고, 동시에 그보다 더 광범위한 혁신적 돌파구를 만들어내려고도 한다. 이것은 기술 발전의 딜레마일까 혹은 자연스러운 혁신의 수순일까? 후자이길 바라는 건 기업 당사자들만은 아닐 것이다.

완벽할 순 없다,
꾸준함만이 있다

넷제로는 단어 그 자체에 이미 불가능한 목표를 내포하고 있다. 특정 기간 동안 배출된 온실가스의 양이 상쇄되는 양과 같아져 실질적으로 순배출량이 '0'이 되는 상태, '순Net'이라는 말은 이산화탄소뿐만 아니라 메탄, 아산화질소 등 다양한 온실가스를 대상으로 한다. 잠시 우리의 일상생활만 돌아봐도 사소한 움직임, 별것 아닌 물건 사용으로도 탄소가 배출된다. 기업과 개인이 철저히 넷제로를 실천한다 해도 우리의 삶을 모두 바꾸지 않는 한 넷제로는 어렵다. 산속으로 들어가서 지낸다고 해도 꽤나 많은 이산화탄소를 배출하게 되니 말이다.

무작정 개인의 희생을 강요할 수도 없다. 화석연료를 아예 사용하지 않는 새로운 에너지 체계로의 새로운 판을 짜고 이 생태계가 전세계적으로 확산되는 방법밖에는 없다. 이러한 혁신적인 변화가 한꺼번에 실현되기 어렵기 때문에 탄소배출을 줄일 수 있는 만큼 줄이고, 줄이지 못한 나머지는 상쇄하는 현실적인 방식에 다가가야 한다. 가장 대표적인 탄소 상쇄 방법은 파괴되거나 황폐화된 개발도상국의 숲을 복원해 탄소를 흡수하는 재조림再造林 프로젝트다. 그러나 이는 원주민의 일상을 파괴하고 토지소유권을 박탈하는 등 갈등의 여지가 있고, 산불 같은 자연재해 시 통제가 어렵다는 단점이 있다.

넷제로를 향한 기술적 한계도 분명하다. 현재 기술로는 모든 온실가스 배출을 완전히 제거하는 것이 불가능하기 때문이다. 특히 산업 공정이나 화석연료 의존도가 높은 분야에서는 넷제로 기술이 개발되지 않았거나 상용화되지 않았다. 대부분의 기업들은 기존의 체제를 유지하는 상태에서 지속가능성 옵션을 실험한다. 몇몇 브랜드는 설립부터 지속가능성 철학을 바탕으로 운영, 설비, 제품, 폐기 등의 모든 과정을 친환경적으로 구성하기도 하지만 이 역시도 완벽한 넷제로는 불가능하다.

어쩔 수 없는 이런 현실이 좌절감을 주기도 하지만, 부족함에 대해 자책하지 않아도 된다는 자유를 주기도 한다. 한 번으로 100% 완벽한 것은 없으니, 부족하나마 여러 번 100%를 향하면 된다는 방향은 오히려 명확하기까지 하다. 그 방향을 바탕으로 브랜드가 활동할 때 고객 경험이 달라지고, 함께하고자 하는 이들이 늘며, 점점 더 개인화되는 고객들의 니즈를 살피고 충족시킬 수 있다. 어느 산업의 어떤 브랜드든 그 방향으로 나아가는 길목에서 한 걸음 나아가고 실패하고 다시 시도하는 것이 기후위기 시대의 브랜딩이지 않을까.

브랜드의 목적이 고객경험을 바꾼다_넷제로 호텔 룸투

영국의 룸투Room2 홈텔은 '넷제로 호텔'이라는 슬로건을 내걸었다. 10년 동안 보트를 타고 여행을 다닌 두 형제가 '집 같은 호텔', 호텔이 아닌 홈텔Hometel의 필요성을 주장하며 만든 호텔이다. 친근하고 자유로운 분위기의 객실이 특징이지만 더 중요한 특징은 넷제로를 전면에 내세웠다는 점이다. 저단소, 저에너지, 제로 폐기물 원칙으로 운영되며, 직원들인 룸메이트들이 지속가능한 목표를 달성하면 이를 보상하며 긍정적으로 변화를 촉진한다.

고객경험도 넷제로를 향한다. 호텔에서 즐기는 하루를 상상해보자. 그날만큼은 그 무엇도 신경 쓰지 않는다. 쓰레기가 나와도, 과소비를 조금 해도 괜찮은 그런 날인 셈이다. 특별한 하루지만, 매순간 환경을 오염시키고 있는 게 현실이다. 환경에 대한 관심이 날로 높아지면서 부차적인 서비스들이 만들어낼 환경오염을 신경 쓰는 고객에게 남은 선택지는 호캉스의 즐거움을 포기하는 것일까.

룸투는 이를 해결하는 데 집중한다. 호텔에서 제공되는 음식은 환경에 덜 영향을 미치는 식물성 식품이자 로컬푸드다. 재활용품은 철저히 수거하여 새로운 제품으로 만들고, 음식물 쓰레기도 혐기성 소화처리장을 거쳐 비료로 전환한다. 일반 쓰레기는 에너지로 만든다. 매립 폐기물 제로를 위해서이다. 100% 재생에너지를 통해 호텔을 운영하는 점도 남다르다. 태양력, 풍력, 수력 등 그린에너지를 사용하며, 태양광 패널과 히트펌프를 통해 에너지 일부를 스스로 생산한다. 지열 펌프와 스마트 설계로 에너지 절약 시스템도 구축했다. 건물 전체의 탄소배출을 줄이기 위

© room2

영국 최초의 '넷제로' 호텔로 인정받은 룸투의 런던 치즈윅

해 하드웨어 및 소프트웨어 기술로 에너지 사용량과 공기 질, 물 사용량을 실시간 모니터링한다. 초저류 샤워기를 설치해 물 사용량을 40% 줄이고, 되도록이면 저탄소 제품을 사용한다. 이렇게 해도 줄이기 힘든 탄소배출량은 중앙아메리카의 니카라과에 거대 대나무를 심어 상쇄한다. 대나무는 수확 후에도 쉽게 재생되며, 지역 주민들의 생계에도 도움이 된다.

나무를 심어 탄소를 상쇄하는 방식에 대해서는 많은 환경운동가들의 비판이 있었다. 나무가 탄소를 흡수하는 능력이 산불, 병충해 등으로 달라질 수 있다는 불확실성, 나무가 성장해서 충분한 양의 탄소를 흡수하기 까지는 시간이 걸린다는 문제 등 근본적인 해결 방식이 아니라는 이유이다. 그럼에도 룸투는 2023년 비콥B Corp인증까지 받아 호텔의 성과와 투명성을 증명했다. 한편, 룸투 치즈윅Chiswick 지점 옥상에는 풀이 우거진 녹색 지붕, 허브 정원과 함께 벌집을 설치했다. 이를 통해 생물 다양성을 보존하는 동시에 호텔만의 꿀을 생산해 호텔 공간이 가지는 특수성을 지속가능성으로 풀어냈다.

'인간적 감성'과 '혁신성'이라는 두 목적이 만나면_소니

목적이 뚜렷하고 이를 바탕으로 시장 내 명확한 포지셔닝이 된 브랜드들은 서로 보완적이거나 시너지를 줄 수 있는 브랜드와의 파트너십을 통해 브랜드 정체성을 더욱 강화한다. 소니SONY의 행보가 그렇다. 소니의 헤드폰을 구입해본 사람이라면 여타 경쟁사 제품과는 조금 다른 방식으로 포장되어 있다는 것을 발견할 수 있다. 애플을 비롯한 많은 전자제품의 포장은 큰돈을 지불한 보람이 있다고 느낄 만큼 세련된 유광코팅 박스로 세련됨을 강조한다. 하지만 소니는 흡사 계란판을 연상하게 하는 회색 무광종이를 사용한다. 최신 전자제품을 샀다는 느낌보다는 깔끔하게 포장된 샐러드를 산 느낌을 준다. 소니가 이런 행보를 통해 세상에 전하고 싶은 것은 '감성'이다. 소니의 목적은 '창의성과 기술의 힘으로 세상을 감성으로 채우자'이고, 비전은 '기술과 새로운 도전에 대한 추구를 통해 감동과 안심을 전 세계의 사람과 사회에 계속해서 전달하는 것'이다.

소니는 이 목적과 비전을 실현하기 위해 지속가능성을 기업 운영의 핵심 기준으로 삼고 1990년대 초부터 환경 이니셔티브를 시작했다. 2010년에는 2050년까지 탄소중립을 달성하겠다는 로드 투 제로Road to ZERO를 발표했다. 이는 다양한 측면을 고려해 제품의 라이프사이클이 환경에 미치는 영향을 제로로 만들어 지속가능한 사회를 실현하려는 로드맵이다. 이 목적에 따라 소니는 최대 99% 재활용이 가능한 플라스틱 소재 소플라스SORPLAS를 개발했다. 전자제품에 사용된 재활용 플라스틱을 다시 재활용하는 비율은 약 30%인 것에 반해, 소플라스는 이 비율을 최대 99%까지 올릴 수 있다. 최소한의 내연재를 함유한 소플라스는 성능 손실이 적고 여러 번 재활용되어도 본래의 특성을 오랫동안 유지한다. 소니와 기타 공장에서 버려지는 CD와 필름, 플라스틱 물병을 재활용하여 석유로 만든 플라스틱보다 이산화탄소 배출도 약 80%가량 적다. 소니는 2011년부터 이 소재를 TV, 카메라 및 캠코더에 활용해왔다.

최근 소니는 트립웨어 브랜드 로우로우RAWROW와 협업해 소플라스를 신제품 캐리어에 적용했다. 2011년에 론칭된 브랜드 로우로우의 이름은

'날것의 행렬' 즉 '본질의 반복'을 뜻한다. 그들이 생각하는 본질은 '사람 그 자체, 그리고 물건 그 자체'이다. 신발이든 가방이든 물건 자체의 본질적 쓸모를 생각하다 보면, 그 물건을 사용하는 사람들을 생각할 수밖에 없다. 가볍고 땀 배출이 잘 되는 운동화를 만들 수 있었던 건 오랫동안 서서 일하는 사람들을 생각했기 때문이다.

물건 그 자체의 본질을 중시하는 이들이 OEM으로 안경을 납품한 생산업체 브랜드를 자사 브랜드와 동일한 비중으로 표기하는 것도 브랜드 목적에 기반한 행동이다. 이런 로우로우와 소니가 상호 존중을 바탕으로, 지속가능성을 위해 협업한 것도 자연스럽다. 소니 가전에 활용되던 친환경 소재가 로우로우의 캐리어에 활용되면서 두 브랜드가 내품는 감성을 더 강화시킬 수 있다. 소니에게는 더 인간적인 정체성을, 로우로우에게는 더 혁신적인 이미지가 더해지는 협업이다. 좋은 목적과 좋은 목적이 만난다는 것은 각자의 좋은 점을 극대화하거나 각자의 좋은 점으로 서로 보완하는 효과가 있다.

앞으로의 브랜드는 제품을 파는 게 아니라 가치를 지향한다

마케팅의 기본 요소 4P의 개념이 변화하고 있다. 《비즈니스 오브 패션 Business of Fashion》에서 2021년에 낸 보고서에 따르면 지금까지의 4PProduct, Place, Price, Promotion가 마름모 형태로 대등한 개념이었던 데 비해 새로운 4PPurpose, Positioning, Partnership, Personalized는 피라미드 구조, 아래 놓인 항목일수록 면적이 넓고 더 필수불가결한 요소로 본다. 제일 아래 가장 넓은 면적을 차지하는 '목적'은 앞으로의 브랜드들이 반드시 갖춰야 하는 중

마케팅의 기본 요소 4P의 변화

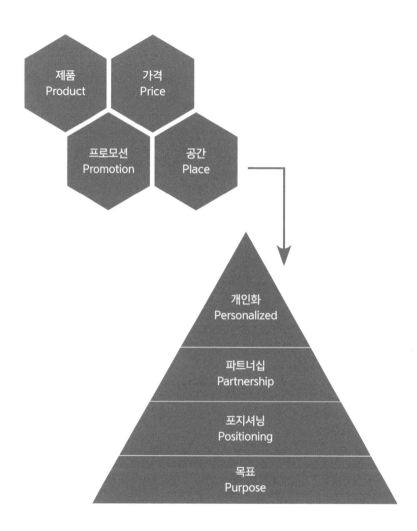

@ Business of Fashion

요한 요소라는 것이다. 브랜드는 제품을 파는 존재가 아니라 궁극적으로 어떠한 가치를 지향해야 비로소 존재할 수 있다. 모든 브랜드가 파타고니아는 될 수 없겠지만, 룸투나 소니와 로우로우의 방향성을 지향할 수는 있다.

쉽게 말했지만 브랜드에게 어려운 일인 것은 분명하다. 단순히 화력발전을 줄이고 친환경 발전을 늘리는 것이 아니기 때문이다. 기존 전력시스템을 다 바꿔야 하는 문제다. 당장 전기, 에어컨, 자동차, 음식, 폐기물 처리에 이르기까지 사회를 움직여온 운용 시스템을 전반적으로 교체해야 가능한 일이다. 온실가스를 배출하지 않겠다는 목표는 우리의 생각 이상으로 고통스러운 과정을 겪어야만 달성할 수 있다. 넷제로를 달성하기 위해 기술과 인프라를 구축하는 데 드는 비용 문제도 많은 기업들에게 높은 허들이다.

비용을 들인다고 해도 한순간에 완벽하게 지속가능성 문제를 해결하는 것은 불가능하다. 우리 삶의 기반이 내연기관 자동차를 중심으로 움직이고, 육식을 즐기고, 과도하게 소비하고, 지나치게 버리는 등 현재 체제를 '그대로 유지한 채로' 변화를 추구하기 때문이다. 본업의 방식을 모두 바꾸지 않는 한 완벽한 넷제로는 불가능할지도 모른다. 앞서 봤던 콘크리트산업이나 AI업계처럼 태생부터 지속 불가능한 상품과 서비스를 취급하는 기업들이 지속가능성을 실험하면서 만나게 되는 모순은 다양하기 때문이다.

배우이자 환경운동가인 제인 폰다Jane Fonda의 말처럼 '우리 집이 불타고 있는 것처럼 행동해야 하는' 때에, 그러한 모순을 하나하나 따지고 있을 시간이 없다. 우선 한 걸음 더 나아가 상상해보자. 일견 진정성 있는 활동을 하는 브랜드로 보이기도 했지만 따지고 보면 그렇지 않았다는 것이 만천하에 드러나게 되는 순간 말이다. 그럴 때마다 브랜드는 좌절하고 멈춰야 할까? 그렇지 않다. 지금까지 디올과 LVMH 같은 패션업계나 빅테크 기업들이 노력해온 걸음들을 기억하고 이해한다면 이들의 다음 스텝을 더 응원해야 할 것이다. 지금은 모두가 지속가능성의 근거가 되는 데이터와 지속적으로 노력해온 결과를 면밀히 따지는 시대이다. 지금까지 올바른 방향성과 가이드라인을 따라 걸어왔다면 앞으로도 그럴 가능성이 높고, 협력업체이자 고객으로서 요구하기도, 받기도 하면서 나아갈 수 있는 시대이다.

지속가능성 이슈에 가장 흔히 쓰이는 단어는 '진정성'이다. 그러나 진정성이라는 단어만큼 진정성 없이 꾸준히 소비된 단어도 흔치 않을 것이다. 지속가능성의 세계는 번지르르한 말장난으로 얼버무릴 수 있는 영역이 아니다. 지속가능성을 실현하는 활동이 중복되거나 방향성을 잃지 않도록 이에 대한 해결방안과 지침을 정한 틀, 즉 프레임워크를 도입하는 것, 그리고 이를 명확히 실천하기 위한 가이드라인을 갖추고 이를 하나하나 실현하는 것이 진정성이다. '진정성 있는 접근을 했다'는 말은 중요하지 않다. 하나의 제품을 지속가능한 기준에 맞춰 입증 가능하고 공정한 과정으로 그저 해야 할 일을 계속 하는 것, 그것이야말로 진정성이다.

이런 활동들은 이들이 앞으로 해야 하는 수많은 실험들 중 하나일 뿐이며 한 번의 시도보다 꾸준히 실험하고 쌓아가는 것이 중요하다. 꾸준함이 중요한 이유는 그간 인류가 불가능해 보이는 일에 생각지도 못한 솔루션을 만들어왔던 가능성의 근간이기 때문이다. '포장재를 친환경으로 바꿨으니까', '환경기부금을 냈으니까' 등 브랜드 입장에서 큰 변화이자 행동이었던 것은 분명한 사실이다. 하지만 거기서 멈춰서는 안 된다. 멈춰서는 순간 진정성은 사라지기 때문이다.

완벽할 순 없다는 것을 받아들이고, 완벽함을 향한 꾸준함을 쌓는 브랜드들이 더 낳아져야 한다. 많은 실수와 개선이 반복되면서 완벽을 향하겠다는 꾸준함까지 계획에 넣고 있는 브랜드들 말이다. 지금 당장 완벽한 넷제로는 불가능하지만 친환경 소재와 기술을 총동원해 하나의 자동차를 완성해보려는 시도, 아파트 한 단지를 친환경적으로 조성하려는 시도 등 다양한 실험들이 더 많이 확산되면서 우리의 지속가능성은 조금씩 더 진화할 것이다.

Part 3

전개承

，

지구의 브랜드로
발전하는 전략

실패도 함께해야
브랜드 경험이 넓어진다

2022년 OECD 보고서에 의하면 전 세계적으로 플라스틱이 재활용되는 비율은 9%이다. 우리나라는 그보다 높은 27% 수준이다.[1] 그만큼 플라스틱은 재활용이 어렵다. 플라스틱은 유리나 철과 같은 단일 소재가 아니다. 같은 재질의 플라스틱이라고 해도 용도에 따라 첨가제가 다르다. 여러 재질이 섞인 복합 플라스틱은 소재마다 각각 처리 방법이 달라 재활용이 어렵다.

우리가 일상에서 사용하는 플라스틱은 열에 잘 녹느냐 녹지 않느냐에 따라 두 가지로 나눌 수 있다. 잘 녹지 않는 재질의 열경화성 플라스틱Thermosetting Resin은 단단하게 만들기 위해 여러 성분을 첨가해 사용한다. 접착제의 실리콘 수지, 방수 혹은 외관상 보기 좋게 칠하는 재료에 들어가는 에폭시 수지, 폴리에스테르 수지 등이 이에 해당한다. 열에 잘 녹는 열가소성 플라스틱Thermoplastic Resin은 PET, PVC, PP, PS 등으로 자세히 관찰하면 우리 일상에서 흔히 볼 수 있다. 열을 가하면 다시 말랑말랑해지는 특성상 재활용을 할 수 있으나, 기름이나 음식물 등 이물질이 묻거나 색이 다른 경우 재활용 난도가 올라간다. 생수병처럼 투명 컬러, 단일 소재만 모아 재생해도 문제는 있다. 재생플라스틱은 최초 플라스틱에 비해 강도나 탄성이 떨어진다.

플라스틱을 색이나 이물질 여부와 관계없이 재활용할 수도 있다. 아주 높은 열이나 화학적 용매, 촉매로 분해해 재활용하는 화학적 재활용이다. 이 기술은 폐플라스틱을 원료인 나프타Naphtha, 경유 등 석유화학 재료로 되돌릴 수 있어 '도시유전'이라는 별명이 붙기도 했다. 이런 화학적 재활용의 문제는 환경오염 가능성이다. 페트, 폴리아미드, 폴리우레탄은 화학적 재활용을 통해 다시 같은 재질로 만들어낼 수 있지만, 나머지 재질의 플라스틱 폐기물들은 열분해유로만 바뀐다. 열분해유로의 변환 과정에 대해 2024년 1월 미국 국립재생에너지연구소는 '재활용으로 볼 수 없다'고 결론지었다. 플라스틱이 다시 플라스틱이 되는 자원순환 구조가 아니기 때문이다. 플라스틱이 연료가 되는 일방향성 구조이며, 열분해 과정에 쓰이는 화학적 첨가제와 고열 처리는 필연적으로 탄소를 배출한다.[2]

정부나 시민단체는 플라스틱 사용을 다른 소재로 대체하거나 줄이는 것이 궁극적으로 플라스틱 문제의 해결책이라고 말한다. 많은 국가들이 플라스틱 일회용품 사용을 규제하지만, 플라스틱은 지나치게 유용해서 사용을 막기가 쉽지 않다. 이러한 현실을 정면으로 마주한 브랜드가 있다. 바로 레고LEGO다.

모순을 마주한 레고만의 지속가능을 실천하는 방식

레고는 어린아이들의 친구이자 마니아들의 장난감이다. 레고 마니아들은 블록으로 기존에 없는 새로운 작품을 만들어 전시회를 열고, 레고도 이들을 위해 고난도, 고가 레고 블록을 출시하곤 한다. MBC every1의 예능프로그램 〈어서와~ 한국은 처음이지?〉에 출연한 레고코리아 임원은 레고의 경쟁 상대를 '한국 교육 시스템'이라고 답변해 화제가 되기도 했지만, 지금 레고가 최우선으로 풀어야 할 과제는 바로 플라스틱일 것이다. 연간 300억 개로 추정되는 플라스틱 블록을 만드는 기업인 만큼, 레고는 오랫동안 환경오염에 일조하고 있다는 비판을 받아왔다. 2020년 영국 플리머스 대학교 연구진의 논문에 따르면 레고는 100년부터 1300년까지 바다를 떠돌 수 있다고 한다.[3] ABS라는 단단한 플라스틱 소재로 만들어져 쉽게 변형되지도 않는다.

2015년 레고는 중대한 계획을 발표한다. 2030년까지 지속가능한 소재로 블록을 만들고, 가능하다면 플라스틱을 대체할 수 있는 소재를 개발하겠다고 선언한다. 그로부터 불과 3년 만인 2018년, 레고는 사탕수수 플라스틱을 소개한다. 앞선 선언이 대중과 자본의 눈치를 보며 급조해낸 목표가 아님을 증명한 것이다. 사탕수수 플라스틱은 일반 플라스틱보다 물렀지만 탄소저감의 효과가 있는 소재였다. 2021년에는 재사용 플라스틱을 이용한 블록을 선보였다.

완전하진 않지만 나름의 방식으로 지속가능성을 실천하던 레고는 돌연 2023년 9월, 재사용 플라스틱 블록 개발을 철회했다. 레고는 그간 150여 명의 재료 공학자와 과학자를 고용해 250여 개에 달하는 친환경

재료를 연구했다. 그 결과 재활용 페트병을 활용한 리사이클링 플라스틱 소재가 최선이라 판단했다. 이 재생플라스틱이 ABS플라스틱과 같은 내구성을 갖기 위해서는 각종 강화 첨가제를 혼합해야 했다. 이 과정에서 오히려 더 많은 에너지를 사용하고 더 많은 탄소를 배출했다. 레고는 리사이클링 플라스틱으로 장난감 블록을 만드는 건 '나무로 자전거를 만들려는 것과 같다'고 표현하며, 이와 같은 모순 때문에 친환경 소재 개발을 일시 중단했다.

레고가 지속가능한 블록을 완전히 포기한 것은 아니다. 포괄적 지속가능성이 아니라 탄소감축과 순환성이라는 '방식'으로 구체화했다. 사용하지 않는 블록을 기부받아 분류, 세척해 자선단체에 기부하는 리플레이 Replay 프로젝트는 확대하기로 했다. 블록 수거 및 분류 솔루션을 마련하여 중고판매 플랫폼을 론칭할 계획을 세웠다. 현재 사용 중인 ABS 소재를 한 번에 친환경 소재로 전환하는 것이 아니라 바이오 및 재활용 소재로 점진적으로 바꾸겠다고 밝혔다. 사탕수수 원료의 품질 관리를 지속하면서도 2023년 4월에는 재생에너지로 생산한 그린수소와 이산화탄소로 합성한 e-메탄올을 구매했다. e-메탄올은 석유 대신 플라스틱을 생산할 수 있는 친환경 합성 원료다. 《블룸버그 뉴스》에 따르면 레고그룹은 2024년 초 바이오 플라스틱이 함유된 레진 원자재 12만 5,000톤을 구입했다. 기존 원자재보다 최대 70% 높은 가격임에도 레고는 투자를 아끼지 않는다.

레고의 친환경적 행보는 여전히 굳건하다. 하지만 그 모든 의지와 행보가 실현되는 것은 시기상조다. 레고 블록은 원래 나무였다. 목수였던 올레 키르크 크리스티얀센Ole Kirk Christiansen이 자녀들에게 나무 장난감을 만들어준 것이 레고의 시작이다. 레고가 처음 플라스틱으로 블록을 만든 것은 1957년이었다. 플라스틱 블록은 나무 블록과 비교하면 강하고 조립과 분해가 쉬우며 컬러를 따로 덧칠할 필요가 없어 장난감을 위한 최적의 소재였다. 그로부터 약 60년 뒤 세상이 바뀌자 이번에는 플라스틱 소재가 문제가 됐다. 레고와 마찬가지로 다른 기업들도 이 난제에 빠져 있고, 플라스틱이 아닌 또 다른 문제도 마주할 것이다.

중요한 건 재료보다 경험

그럴 때마다 중요해지는 건 브랜드 경험이다. 아무리 소재와 재료를 바꾼다 한들 블록은 블록이다. 레고의 지속가능한 소재를 찾는 프로젝트에서 가장 중요한 것은 기존 블록과의 호환성, 기존 블록만큼 단단한 내구성과 견고성이었다. 신소재 블록은 기존 블록과 외관과 기능에서 차이가 느껴지지 않아야 하는 것은 물론, 레고의 새로운 친환경적 시도를 전달해야 했다.

　레고는 완성형이 아닌 조립형이라는 제품 특성을 활용한 마케팅을 선보였다. 2018년에 선보인 사탕수수 블록을 전면에 내세운 새로운 패키지를 출시했다. 기존 블록과의 호환성 문제를 완전히 해결하지 못한 사탕수수 블록을 대부분 초록색 식물 형태로 출시한 것이다. 무르다는 단점을 장점으로 바꿔 '레고 아이디어 트리 하우스', '레고 꽃다발'과 같은 패키지에 적극적으로 활용했다. 해당 패키지들은 모두 구성 블록들의 절반 이상이 초록색 식물 블록인 제품으로, 그 주제 자체가 자연과 맞닿

사탕수수에서 원료를 추출해 만든 레고 블록은 대부분 초록색 식물 형태로 출시됐다.

아 있다. 또한 재생에너지를 알리고 친근하게 느낄 수 있도록 풍력 터빈을 조립해볼 수 있는 패키지를 출시하기도 했다. 장난감을 조립하는 과정에서 어린 소비자들이 환경과 자연에 더욱 관심을 가지도록 의도한 것이다.

재사용, 재활용이라는 테마를 더 잘 전달할 수 있는 방법을 고민하던 레고는 2021년 그린 인스트럭션Green Instructions을 선보였다. 이는 기존에 출시됐던 자동차, 비행기, 탄광 제품을 재조립해 자전거, 전기 스쿠터, 풍차로 만드는 방법을 담은 조립 설명서다. 새로운 제품을 구매하지 않고도, 탄소배출로 환경을 오염하는 기존 운송 수단과 설비를 환경 친화적인 시설로 바꾸는 경험을 만들었다. 레고만의 방식으로 환경에 부정적인 것들을 긍정적인 것으로 바꾸려 시도한 것이다.

브랜드 경험이란 브랜드와 소비자가 상호작용을 하며 느끼는 총체적인 합이다. 감각, 정서, 인지, 행동, 사회적 경험을 모두 포함한다. 이 중 하나만 빠져도 소비자는 부족함을 느끼기 마련이고, 브랜드도 그 고유성을 잃는다. 기후위기 시대라고 해서 이러한 법칙이 달라지진 않는다. 기존 브랜드 경험에 기후적 경험이 추가되었다고 보는 게 더 맞는 방향일 것이다. 기후적 경험만큼은 완벽하지 않아도 괜찮다. 브랜드가 노력하고 실패하는 과정도 경험하게 하라. 브랜드와 소비자, 지구의 생존이 멀리 떨어져 있는 것이 아님을 모두가 경험하게 될 것이다.

가장 빠른 방법은
플라스틱 사용을 줄이는 것이다

코로나19 팬데믹 이후 알코올 시장은 무알콜, 저알콜을 중심으로 움직이고 있다. 2020년부터 북미에서는 길거리 편의점에서도 쉽게 살 수 있는 브랜드 화이트클로White Claw를 중심으로 하드셀처Hard Seltzer의 존재감이 강해졌다. 탄산수에 알코올 및 과일 향료를 첨가한 하이볼 종류인 하드셀처는 낮은 도수와 칼로리로, 밀레니얼과 젠지 세대의 메인 주류로 간택되었다. '저도주의 건강함', '화이트클로의 파도에서 느껴지는 젊고 신선함', '저렴한 가격' 등 젊은 세대가 화이트클로에서 연상하는 말들은 이들 삶의 모습과 닮았다.[4] TV 광고 대신 소셜미디어 중심으로,[5] 쌍방향 소통에도 능한 브랜드의 행보 또한 고객이 제품을 즐길 수 있는 여지를 준다.

플라스틱이 없는 팝업스토어

요즘 소비자를 겨냥한 홍보 방식 중 팝업스토어를 빼놓을 수 없다. 국내외 일일이 셀 수 없을 정도로 많은 팝업스토어가 열리는데, 그중에서도 뉴욕에서 진행된 미국 맥주 브랜드 쿠어스라이트Coors Light의 플라스틱 프리 퓨처 마트The PLASTIC-FREE Future Mart가 크게 주목받았다.

주류제조업은 전력과 물 사용량이 많은 분야 중 하나다. 플라스틱 페트병 사용과 플라스틱 포장재의 사용도 많다. 쿠어스라이트는 팝업스토어에서 판매하는 제품과 전시장 전체에서 플라스틱 자재를 뺐다. 알루미늄과 강철, 합판, 코르크, 재활용 종이, 유리, 골판지를 사용해 팝업스토어를 완성했다. 전시되는 소품부터 공간을 세우는 데 쓰이는 건설자재까지 불필요한 폐기물이 생기지 않도록 신경 썼다. 내부에 세워진 모든 가벽과 선반은 맥주를 생산하는 양조장에서 발생하는 폐기물을 사용해 100% 생분해가 가능했다. 각종 소품과 포스터는 재활용 종이로 제작했고, 공간 내부에 사용한 페인트도 100% 생분해성이었다. 운송과 제작하느라 발생한 탄소를 상쇄하기 위해 나무 100그루도 심었다.[6] 꾸물거리지 않고 거슬리는 것 없이 시원시원하게 할 수 있는 최선을 다한 이 프로모션은 환경에 관심이 많은 세대들에게 맥주의 쿨함을 직접 보여주는 과정이었다.

제품력 위해 산업도 바꾼 쿠어스

1873년에 설립되어 150년의 역사를 자랑하는 쿠어스는 1958년에 처음으로 알루미늄 캔에 맥주를 담아 유통한 브랜드이다. 그때까지 맥주업

쿠어스라이트의 플라스틱 프리 퓨처 마트

계는 철제 캔을 사용했다. 철제 캔은 무거워 운송비가 비쌌고, 맥주 맛도 쉽게 변질됐다. 맥주에서 철 맛이 나는 것도 문제였지만, 강과 산을 오염시키는 철제 캔을 생산자가 책임지지 않는 것은 더 큰 문제였다.

쿠어스는 알루미늄 캔을 도입해, 맥주 맛을 지키면서도 가볍고 경제적인 포장법을 업계에 확산시켰다. 알루미늄은 재활용하면 100% 같은 품질을 보장했지만, 당시 맥주 유통 시스템에서는 알루미늄 캔을 제대로 재활용할 수 있는 방법이 없었다. 쿠어스는 1970년대에 캐시 포 캔스Cash for Cans라는 알루미늄 재활용 활동을 통해 고객이 다 마신 음료 캔을 다시 가져오도록 했다. 이렇게 모은 알루미늄으로 달력, 재떨이, 수도꼭지 손잡이를 생산하기 시작했고, 알루미늄 재활용도 체계적으로 활성화됐다.

캔 재활용에 진심이었던 쿠어스는 1990년 캔 생산량보다 더 많은 알루미늄을 재활용(107%)하는 최초의 양조장이 되었다. 미국에서 쿠어스가 재활용하는 알루미늄 양은 매해 약 3,000만 킬로그램에 달한다. 자전거 360만 개를 만들고도 남는 양이다. 쿠어스는 시원한 맥주로 고객의 갈증을 '칠Chill'하게 식혀주며, 환경오염이 심각해지기도 전부터 지구를 위한 칠한 실천을 이어온 것이다.

작은 플라스틱 링 하나도 중요한 시대

쿠어스는 알루미늄 캔을 도입하며 맥주업계 전체의 지속가능성에 기여했지만, 완벽할 순 없었다. 플라스틱 저감과 관련해서 한 박자 늦었기 때문이다. 음료나 맥주를 묶음 단위로 판매하기 위해 제품을 묶는 플라스틱 링이 동물의 목숨을 위협하는 문제로 대두되었다. 이를 해결하기 위해 많은 음료와 맥주 기업들이 아이디어를 냈고, 자연에서 분해되는 소재로 만든 링, 동물이 먹을 수 있는 링을 시도하는 기업도 있었다. 가장 적극적으로 대응한 브랜드는 덴마크의 맥주 브랜드 칼스버그Carlsberg다. 칼스버그는 2018년에 접착제로 제품 여섯 개를 묶음포장하는 스냅 팩Snap Pack 기술을 발표했다. 이 방법으로 플라스틱 쓰레기를 70% 이상 줄일 수 있었다.

버드와이저와 스텔라, 코로나 맥주를 제조하는 AB인베브는 2019년부터 플라스틱 링 대신 종이 캐리어를 사용했다. 2021년에는 코로나 맥주 묶음상품에 물과 에너지를 더 적게 사용하는 보리짚과 재활용 목재 섬유로 만든 식스팩 캐리어를 사용하겠다고 발표했다. 오비맥주는 주류 업계 최초로 병맥주를 포장하는 종이 패키지를 100% 재생용지로 교체하기도 했다.

쿠어스는 2022년에서야 쿠어스라이트 묶음상품의 플라스틱 링을 100% 재활용 가능한 소재로 교체하겠다고 선언하고 앞서 소개한 팝업스토어를 대대적으로 오픈했다. 2025년까지 100% 재활용 또는 퇴비화가 가능한 포장재를 사용하며, 플라스틱 포장재는 꼭 필요한 부분만 사용하되 최소 30% 재생플라스틱을 사용하겠다고 약속했다.

쿠어스의 행보를 보면 지속가능성을 위한 브랜드의 행보란 계속하는 것뿐이라는 것을 실감한다. 역사가 오래된 기업일수록 그 시작에는 환경에 대한 고민이 적은 경우가 많다. 업계의 관행대로 움직이는 게 효율적이고 자연스러운 일이기도 하다. 쿠어스도 처음엔 그랬지만 철 맛이 나지 않는 칠한 맥주, 즉 더 나은 품질을 위해 노력하다 보니 결국 품질에

보리짚과 재활용 목재섬유를 이용한 코로나 맥주의 캐리어.
칼스버그의 스냅팩 기술은 플라스틱 쓰레기를 70% 이상 줄였다.

도 환경에도 더 칠한 방법을 찾았다. 그후의 행보가 완벽하지 않았다고
해서, 과거에 그들이 찾은 방법과 업계를 바꾼 도전마저 폄하할 수는 없
다. 딱 쿠어스의 시도만큼 지구의 위기도 늦춰졌을 테니 말이다. 한편,
기후위기라는 렌즈를 끼고 브랜드를 바라보는 시각이 과거보다 더욱 정
교해졌다는 것도 여실히 느낄 수 있다. 기존에 잘하고 있었더라도 너무
자신하지 말 것, 또 늦었다고 해도 두려워하지 말고 브랜드가 이미 갖고
있는 제품과 서비스, 프로세스를 돌아봐야 한다. 해답은 어디에나 있다.

니치 마켓은
소비자의 작은 습관에 있다

우리나라에서는 젤리와 사탕에 밀려 껌 판매량이 줄고 자일리톨 이후 신제품도 떠오르지 않지만, 미국의 상황은 좀 다르다. 미국 젊은 남자들 사이에서 딱딱한 껌을 씹는 유행이 돌고 있다. 각지고 섹시한 턱선을 만드는 '얼굴 운동' 제품으로 껌을 소비하기 때문이다.

껌은 현대에 발명된 간식 같지만 여러 문명에서 동시에 발견되는 간식이다. 북유럽 고대인들은 9000년 전부터 자작나무 껍질과 타르로 만든 껌을 씹었다.[7] 고대 그리스인은 매스틱Mastic 나무의 수액을 굳혀 껌처럼 씹었는데 항염, 항균 효과가 있었다. 현재 우리가 씹는 껌의 주재료인 껌베이스Gumbase는 목재나 벽지를 붙이는 접착제와 같은 원료인 초산비닐수지이다. 최초의 껌은 사포딜라 나무의 수액을 가공한 천연고무 치클Chicle을 이용해 만들어졌지만 대량판매를 위해 공정이 변화하는 과정 중 값싼 플라스틱 합성재료가 사용되기 시작했다.

플라스틱 합성재료로 만들어진 껌은 우리 몸속에 미세플라스틱을 남길 뿐만 아니라 버려진 후 분해되거나 사라지지도 않는다. 버려진 껌은 바닥에 눌어붙어 있다가 시간이 지나면서 조금씩 조각나는데, 이 잔해들이 하수구로 흘러들어 바다와 강물로 유출된다. 버려진 껌은 건강에도 환경에도 좋을 게 하나도 없다.

업계 비밀을 경쾌하게 밝히다_누드

'플라스틱이 아닌 식물을 씹으세요!Chew Plants Not Plastic!' 영국의 껌브랜드는 누드Nuud는 대범한 슬로건을 내세우며 등장했다. 이들은 껌이 플라스틱으로 만든 일회용품이라는 사실을 강조하며 껌을 씹고 버리는 것은 플라스틱 빨대를 사용하는 것만큼 환경오염에 영향을 끼친다는 사실을 지적한다. 누드의 설립자 키르 카르니Keir Carnie는 '영국에서는 매년 10만 톤의 플라스틱 껌이 씹힌다'며 매년 소비된 많은 양의 껌이 자연적으로 분해되지 않아서 환경과 사회에 도움이 되는 껌을 제작하게 되었다. 누드는 천연치클을 사용해 생분해 되는 껌이다.

누드는 슬로건만큼이나 기존 껌을 비판하는 파격적인 캠페인을 통해 껌의 원재료가 플라스틱이라는 사실을 소비자들에게 직극적으로 알렸다. '어떤 껌들은 플라스틱으로 만들어집니다!Some gum is made of plastic!'라는 직설적인 문구를 사용하거나, 껌베이스에 대한 진실을 알리는 소셜 미디어 이미지를 제작하거나, 유명한 껌브랜드의 명칭을 패러디해 껌을 씹는 사소한 행위가 환경과 건강에 미치는 영향을 강조했다. 이 캠페인은 껌베이스라는 명칭으로 모호하게 감추어진 플라스틱 사용 문제를 드

누드는 '어떤 껌은 플라스틱으로 만들어지지만 누드는 그렇지 않다'는 메시지를 경쾌하게 전달
했다.
© nuudgum.com

러내고 천연치클로 다시 돌아간 누드의 가치를 보여준다. 이렇게 써놓고
보면 내용 자체는 진지해 보이지만 재미있는 커뮤니케이션 디자인, 친근
한 로고를 통해 경쾌하게 껌에 대한 진실을 전달해 주목을 받았다.

씹던 껌, 신발이 되다_껌드롭

누드가 원재료의 성분으로 관심을 끌어 껌 안에 숨겨진 환경오염을 밝혔
다면, 재활용 기업인 껌드롭Gumdrop은 껌을 폐기하는 새로운 방식을 제
안한다. 영국에서는 매해 바닥에 붙은 껌을 제거하는 데 2,000억을 쓰는
데, 껌드롭은 이 비용과 도시 미관의 파괴, 활용 가능한 자원이 버려지는
상황을 문제 삼았다. 여기서 더 나아가 유리, 페트병, 비닐 분리수거와
마찬가지로 '껌을 분리수거하자'는 아이디어를 제시한다.

수거된 껌을 분해하고 재합성해 껌텍Gum-tec이라는 고유의 소재로 만

든다. 껌드롭은 이 소재로 텀블러와 필기구와 같은 제품으로 만들어 폐기물이 아니라 자원임을 증명했다. 아디다스 스탠스미스ADIDAS Stan Smith 라인에 껌텍 소재를 적용하기도 했다. 암스테르담 마케팅 회사, 아이엠스테르담Iamsterdam, 신발회사 엑스플리시트Explicit와 협업해 껌슈Gumshoe를 만들기도 했다.

껌드롭은 씹다 버린 껌을 어떻게 수거할까? 껌드롭빈Gumdrop Bin이라는 수거함을 설치해 사람들이 쉽게 껌을 버릴 수 있게 했다. 껌드롭빈은 분홍색의 작은 통인데, 쇼핑센터와 건물 출입구, 화장실 근처 등 거리 곳곳에 사람들 눈높이에 맞춰 설치돼 있다. 하나의 껌드롭빈으로 최대 500개의 껌을 수거할 수 있는데, 이는 새로운 껌드롭빈 세 통을 만들 수 있는 양이다.

껌드롭은 껌을 쉽게 버리는 사람들의 인식을 바꾸기 위해 엄지손가락만 한 휴대용 껌드롭빈을 나눠주고 이를 껌 쓰레기로 채워오면, 껌텍으로 만든 제품으로 교환해주는 캠페인을 진행하기도 했다. 이 캠페인으로 12주 동안 사우샘프턴 공항의 껌 쓰레기를 46% 줄이며, 연간 약 1,000만 원의 청소 비용을 절감할 수 있었다.

문제를 기회로 만드는 플라스틱프리

아마존에서 누드를 구입한 고객 중 일부는 누드가 끈적거리고 금방 입안에서 사라져 식감이 좋지 못하다고 평가한다. 그러나 환경을 중요하게 생각하는 사람들은 '그게 바로 천연치클'이라며 반박한다. 플라스틱 껌의 식감에 익숙해진 소비자의 씁쓸한 초상 앞에서 우리가 씹고 버리는 게

"껌 하나를 사는 데 3펜스가 들고, 그걸 제거하는 데는 1.5파운드가 든다." 껌드롭은 껌 수거가
산업이 될 수 있음을 보여준다.

식품이 아니라 플라스틱이었음을 알리는 누드의 플라스틱프리Plastic-Free
메시지가 더 강렬하게 다가온다. 껌드롭은 소비자들의 작은 습관을 바꿔
씹던 껌을 모으고 플라스틱 제품으로 재탄생시켜, 껌 수거가 산업이 될
수 있음을 보여주었다.

　이들 브랜드의 커뮤니케이션 전략은 파격적이고 놀라운 변화를 촉구
한다. 하지만 강요하거나 심적 부담을 주는 것이 아니라, 가볍지만 강렬
하고 한 번 더 돌아보고 싶게 하며 소비자들을 같은 편으로 만드는 방식
에 가깝다. 플라스틱은 페인 포인트Pain Point이자 가능성이다. 플라스틱프
리 카테고리, 껌 다음은 무엇일까? 껌처럼 플라스틱이 사용되는 생각치
못했던 분야를 찾아 개선하고, 함께 토론하며 변하자. 일단 튀어보는 것
도 좋은 방법이다. 누드의 파격적인 고백과 비비드한 광고, 껌드롭의 껌
수거함처럼 말이다. 눈에 띄지 않으면 기회도 없으니까 말이다.

사람들이
작은 습관을 바꿀 수 있다면
쓰레기 문제도
해결할 수 있을 것입니다.

안나 불루스, 껍드롭 CEO

낯선 시대에는
낯선 해법이 필요하다

'너의 갈증을 죽여라! Murder Your Thirst' 깡통 머리, 뿔이 솟은 어깨, 위협적인 핏줄을 자랑하는 신체가 거대한 도끼를 휘두른다. 이 자체로도 기괴하지만, 목을 꺾고 다리를 자르고 차로 사람을 치어 죽이는 과정과 시체가 적나라하게 묘사된 애니메이션도 있다. 평범한 대중들에게는 불쾌할지도 모르지만, 이 영상의 주인공 리퀴드데스 Liquid Death 는 2021년 미국에서 가장 인기 있는 브랜드 톱100에 선정되었고, 2022년 미국 수퍼볼에 30초나 등장했으며, 2024년 인스타그램 팔로워가 300만에 육박하는 대형 브랜드이다.

리퀴드데스의 역사는 그리 오래되지 않았다. 2019년 미국에서 론칭해 10년도 채 되지 않은 신생 캔 생수 브랜드다. 말 그대로 생수를 캔에 담아 판매하는 것이 핵심이다. 기존 생수 브랜드가 투명한 플라스틱 병으로 순수함과 깨끗함을 강조한 것과 다르게 리퀴드데스는 해골이 그려

리퀴드데스는 기괴하고 잔인해 보이는 이미지를 통해 '플라스틱을 죽여야 한다'고 외친다.

진 불투명한 캔에 물을 담아 친환경과 죽음, 펑크를 강조한다. 옷과 모자부터 반려동물 장난감, 의자, 스노보드까지 다양한 굿즈에는 모두 해골과 잘린 손목투성이다. 이런 강렬한 노선은 CEO 마이크 세사리오_{Mike Cessario}의 경험에서 출발했다.[8]

그는 각종 페스티벌을 즐기는 열렬한 헤비메탈 팬이다. 동시에 술, 담배, 마약과 같이 건강에 좋지 않은 습관을 메탈과 연관 짓고 싶지 않은 스트레이트 엣지_{Straight edge}였다. 건강을 생각하는 메탈 팬으로서 페스티벌에서 맥주를 마시는 것이 당연시되는 분위기를 늘 아쉬워했다. 그러한 현상은 이미지, 즉 페트병에 담긴 깨끗한 물을 들고 다니는 것이 페스티벌에, 메탈에, 록에 어울리지 않는다는 고정관념 때문이라고 생각했다. 그가 느끼기에 기존 헬스산업은 샐러드를 먹고 레깅스를 입으며 요가를 하는 전형적인 페르소나만을 내세우고 있었다. 건강과 환경을 생각하는 타깃은 여러 분야의 소비자들에 다층적으로 분포되어 있는데 말이다.

헤비메탈과 펑크록의 반항, 해체주의 정신은 지나친 소비를 조장하는 거대 자본주의와 그로 인한 환경파괴를 비판하는 환경주의 정신과도 맞닿는다. 플라스틱 대신 캔에 담긴 물이 록스피릿과 만나 탄생한 리퀴드데스는 꿋꿋하고도 독자적인 노선을 걷게 된다.

'힙'하게 보이려고 그런 건 아니고_리퀴드데스

'우리는 플라스틱 대신 캔을 사용했습니다', '알루미늄은 플라스틱보다 훨씬 친환경적입니다', '우리 제품을 선택하세요' 등 리퀴드데스가 장점을 나열하는 평범한 커뮤니케이션을 했다면 이토록 주목받지 못했을 것이다. 리퀴드데스는 잔인하고, 폭력적이며, 소위 선을 넘는 친환경 메시지를 전달했다. 우선 '플라스틱을 죽여야 한다Death To Plastic'라는 슬로건을 내세웠다. 그리고 이에 걸맞은 충격적인 캠페인을 진행했다. 온라인을 통해 '플라스틱 사랑의 집Loving Homes for Plastic'이라는 캠페인에 참여하고 리퀴드데스를 구매하면 우표 스티커가 함께 온다. 음료를 다 마신 플라스틱 병에 이 스티커를 붙여 우편함에 넣으면 코카콜라와 펩시 본사로 배송된다. 뻔하게 말만 한 것이 아니라 재미있으면서도 많은 이들에게 자극을 주는 방법을 활용하는 것이 리퀴드데스의 화법이다.

리퀴드데스의 멤버십 가입 절차도 남다르다. 가입은 무료이고 멤버가 되면 티셔츠 굿즈를 받는 건 여타 브랜드와 비슷하지만, 홈페이지에 있는 영혼계약서Sell Your Soul에 서명도 해야만 한다. 이 계약서에 전설적

"그냥 물일 뿐. 무서워하지 마세요." 리퀴드데스의 메시지는 간단하다.
플라스틱병 대신 캔에 든 물을 마시라는 것이다.

인 스케이트보드 선수 토니 호크도 서명했는데, 리퀴드데스는 그의 피를
뽑아 페인트에 섞어 한정판 스케이드보드 100개를 제작했다. 이는 20분
만에 완판을 기록했다. 이런 엽기적인 캠페인은 일반 소비자들의 반감
을 사기도 했는데, 이에 대응하는 방식 역시 독특했다. '최악의 물 이름
Dumbest Name Ever for Water', '사업이 망하길 바랄게Go Out Of Business', '마케팅
담당자를 해고해Fire your Marketing Guy' 등 SNS에 달린 악성 댓글들을 모아,
보란듯이 10곡의 노래가 담긴 앨범을 출시한다. 앨범의 제목은 〈위대한
증오Greatest Hates〉. 악플마저도 노래가사로 만들어버리는 강철 멘탈로 지
닌 브랜드의 위상은 점점 견고해졌다.

뷰티 브랜드와도 처음부터 끝까지 록스피릿으로

리퀴드데스의 초기 타깃이 록과 하드메탈 팬덤이었다면 현재 타깃은 윤리적 소비를 파격적이고 새롭게 즐기고 싶어 하는 모든 사람들로 확장되었다. Z세대 사이에서 가장 핫한 뷰티 브랜드 엘프E.l.f와 손잡고 메탈 장르를 대표하는 활동 중 하나인 시체 페인트Corpse Paint 재현할 수 있는 화장품 키트를 선보였다. 엘프는 비건, 무독성, 동물실험 반대를 강조한다는 점에서 리퀴드데스와 지향점이 일치한다. 화제성도 높다. 틱톡 챌린지용 자체 제작 음원을 내거나, 틱톡 최초의 리얼리티 쇼를 기획하는 등 적극적인 커뮤니케이션으로 2023년 10대 여성 뷰티 브랜드 선호도 조사에서 29%의 비율로 압도적 1위를 차지한 브랜드다. 각 브랜드의 페르소나인 폭력적이고 조금은 광적인 이미지를 즐기는 메탈 팬, 스스로를 사랑하고 개성을 가꾸려는 소녀 팬은 상극인 것 같지만 이들의 스피릿은 같다. 지구, 환경, 사회, 개인에 건강한 제품과 정신을 추구하며, 소비를 완전히 끊을 수 없다면 개중 가장 나은 선택을 하고자 한다.

메탈 팬덤, 메탈헤드들이 해당 장르를 즐기는 마음가짐은 무엇일까? 논쟁도 많고 명확한 정의도 없지만 리퀴드데스는 자사만의 신념을 구축해냈다. 이들의 제품과 캠페인, 커뮤니케이션 모두 친환경을 강조한다. 세대 간의 화합과 편견의 해체, 자본주의 비판을 간접적으로 내세우기도 한다. 아이스티 제품을 출시할 땐 메탈을 부르는 70대 여성 노인을, 얼굴에 낙서를 하고 괴성을 내며 리퀴드데스를 마시는 어린이들을 광고에 등장시키기도 했다. 다소 센 이미지로 커뮤니케이션하는 리퀴드데스이지만 이들의 주요 제품은 고작 물일 뿐이다. 어린이가 많이 마신다 한들 건

© Liquid Death, E.l.f

리퀴드데스는 화장품 브랜드 엘프와 '시체 페인트' 키트를 선보였다.
전혀 다른 분위기의 브랜드이지만, 좀 더 나은 선택을 하려는
Z세대를 겨냥한다는 점에서 두 브랜드는 닮았다.

강해질 뿐이다. 브랜드의 행동은 궁극적으로 재미있고 건강하고 존중하는 삶으로 이어진다.

패러다임을 바꾸는 스토리텔링 "Entertain or Die!"

리퀴드데스가 10억짜리 브랜드로 성장할 수 있었던 동력에는 입에 오르내릴 만한 파격적인 마케팅도 있었다. 기후위기에 대한 위협적, 교훈적 메시지로 고객의 참여를 촉구하기보다 플라스틱 문제에 직접적으로 책임이 있는 대기업들을 지적하고, 대안이 되는 소재를 소개한다. 알루미늄 생수 캔이라는 제품의 정체성을 헤비메탈 정신과 독특한 스토리텔링으로 엮어, 뻔한 후발 제품이 아니라 대체 불가한 브랜드임을 증명한다. 강한 이미지의 패키지와 엽기적인 마케팅에 가려 있지만 최상급 품질의 생수라는 점도 리퀴드데스의 특장점이다. 품질 관리가 까다로운 홀푸즈 마켓에도 입점한 리퀴드데스는 알프스 산맥에 흐르는 청정 100% 자연수를 판매한다. 그럼에도 이들이 물의 근원지나 품질 대신 플라스틱 아닌 알루미늄, 자연주의보다 메탈 정신을 강조한 것은 여느 생수들과 선을 긋기 위한 것이다.

리퀴드데스의 파격적인 행보는 그저 '힙'하게 보이고 싶어서는 아니다. 2024 칸 라이언즈Cannes Lions의 한 강연에서 CEO 마이크 세사리오는 '재미있거나 죽거나!Entertain or Die!'라는 메시지를 전했다. "광고는 쉽지만, 엔터테인먼트는 어렵다"고 말하는 그는 캠페인에 쏟아붓는 자본이 중요한 것이 아니라 소비자들을 즐겁게 만드는(Entertain) 콘텐츠로 다가가야 한다고 말했다. "플라스틱도 싫고, 아이들이 설탕이 가득한 음료를 마시는 것도 싫다. 몸에 좋은 건강한 제품을 만들면서 사람들이 즐길 수 있는 엔터테인먼트를 선보일 것"이라고 말하는 그의 생각은 더 이상 엽기적이지도, 괴상하지도 않다.

핵심은 브랜드가 말하고 싶었던 지속가능성의 가치를 처음부터 끝까지 놓치지 않았던 점에 있다. 불그죽죽하고 피 튀기는 메탈의 이미지로 다가갔지만, 메탈 애호가들이 사실은 환경과 평화를 사랑하며 나와 다른 이들을 환영하는 따뜻한 집단이라는 사실을 창립자가 잘 알고 있기에 가능했다. 가장 평범한 제품을 가장 파격적인 방식으로 접근했기에 확실히 개성 있는 브랜드 자산을 남길 수 있었다. 메탈 정신을 지닌 친환경 생수로 시장에 진입하면서 플라스틱 생수병에 알프스가 그려진 라벨을 붙여 팔았다면 남다르게 느껴졌을까? 이제는 타협하지 않는 확고한 신념과 철학을 가진 브랜드가 사랑받는 시대다. 무엇보다 새로운 브랜드를 수용하는 고객타깃을 2차원 평면으로 보지 말라. 그들은 입체적이고 다변적이다.

변화보다 중요한 건
제품력이다

미국 드라마에서 사슴의 머리나 물소의 머리가 박제되어 벽난로 위에 놓인 것을 본 적이 있을 것이다. 미국이나 유럽에서 유행했던 이 장식품은 물소나 사슴 같은 야생동물을 재미로 사냥하고 그 기념으로 동물의 머리나 뿔, 가죽을 박제해 전리품으로 남긴 헌팅 트로피이다. 이 헌팅 트로피가 연상되는 연출로 사람들의 인상에 깊이 각인된 한 쇼가 있다. 스키아파렐리Schiaparelli의 2023년 봄·여름 쿠튀르 패션쇼 이야기다. 쇼 초반부터 두상이 나타났다. 레진과 양모, 인조 실크 퍼로 만들어진 표범, 사자, 늑대의 압도적인 동물 두상과 매력적인 실루엣은 모두의 눈길을 모았다. 디자이너는 이를 단테의《신곡》중〈지옥〉편 초입에 등장해 단테를 위협하는 세 가지 죄악의 상징물이라고 말한다. 종교적 의미를 현실과 비현실 사이, 자연의 영광, 보호로 재해석한 것이지만 동물 머리를 가슴에 달고 나온 런웨이는 시각적으로도 강렬했다. 비건 패션위크의 설립자 임마

누엘 리엔다Emmanuelle Rienda는 이 쇼에서 동물 털인 양모로 동물 두상을 재현한 아이러니를 지적했다. 덧붙여 패션계는 여전히 동물의 가죽을 사용한다며 이를 비판적으로 돌아보는 계기가 되길 바란다고 말했다.[9]

구찌가 동물의 털을 사용하지 않겠다는 퍼프리Fur-Free 정책을 발표한 때가 2017년이다. 구찌는 퍼프리 선언과 함께 비건 스니커즈와 핸드백을 출시했고, 비건가죽은 그 이후 종종 패션계에 등장했다. 2023년 영화 〈바비〉 속 캐릭터인 켄의 카우보이 부츠와 코트는 영국의 의상 디자이너 재클린 듀란Jacqueline Durran이 비건가죽으로 제작해 비건패션 어워드를 수상하기도 했다. 비건패션 자체를 브랜드의 정체성으로 내세우는 브랜드도 생겼다. 비건가죽을 포함해 지속가능한 소재를 중심으로 라인을 구축 중인 비건 타이거Vegan Tiger가 대표적이다. 카일리 제너의 새로운 패션 브랜드 카이Khy도 저렴한 가격과 인조가죽을 내세우고 있다.

캠퍼 '그 가죽은 잘못됐다'

비건가죽 트렌드에 반대 목소리를 내건 브랜드가 있다. 50년 역사를 가진 신발 브랜드 캠퍼Camper다. 캠퍼는 인터뷰를 통해 '비건가죽에 완전히 확신할 수 없다'고 밝혔다. 유행과 함께 식물성 가죽 연구로 이어지기도 했지만 많은 브랜드에서 손쉽게 폴리우레탄을 이용한 합성피혁을 비건가죽이라고 부르며 마케팅 용어로 사용한다고도 지적한다. 제품의 상세 정보를 읽어봐도 비건가죽이라고만 적혀 있을 뿐 원재료는 기재되지 않은 경우도 허다하다. 폴리우레탄은 플라스틱이다. 자연에서 분해되는 데 오랜 시간이 걸리며, 분해될 때 미세플라스틱을 만든다. 바다와 토양,

체내로 흘러 들어가는 미세플라스틱은 환경오염과 호르몬 교란, 암의 주범 중 하나로 꼽힌다. 동물권은 지킬지언정 '친환경'은 아니다. 균사체나 식물을 이용한 비건가죽도 아직은 폴리우레탄 처리가 필요해 완전한 소재는 아니다. 캠퍼는 흔히 비건가죽으로 불리는 인조가죽 제품을 구매해 5년 동안 사용하고 버리는 것보다 천연가죽 제품을 구매해 10년 이상 사용하는 것이 낫다고 주장한다.

캠퍼는 그들의 주장대로 2022년 '더 오래 신는 신발'에 중점을 둔 브랜드 노말NNormal을 론칭했다. 전설적인 산악인이자 트레일 러너인 킬리안 조르넷Killian Jornet과의 협업을 통해 추측할 수 있듯이 노말의 신발은 자연을 즐기고 존중하며 트래킹 하는 사람들을 위해 좋은 소재로 튼튼하게 제작되었다. 오래 신을 수 있도록 재생 폴리에스테르, 재생 나일론, 고무 재료를 사용했다. 그들의 표현을 빌리자면 '쓰레기통에 들어가기까지 훨씬 오래 걸리는' 신발이다. 캠퍼는 환경친화적 접근을 강조하면서도, 캠퍼 방식의 친환경이란 더 오래 신게 하는 것이라고 증명이라도 하듯 내구성에도 초점을 맞춘다. 캠퍼가 개발한 소재는 대체 가죽이 아니라 밑창의 질소주입 중창이다. 이를 통해 탄성을 보강하고, 약 1,200km 이상 사용되어도 끄떡 없는 내구성을 자랑한다. 신발 자체나 밑창을 자주 교체할 필요가 없고 교체해야 하는 순간에도 리솔서비스를 제공해 과잉소비를 피하도록 유도한다.

더 오래 신는 신발, 쓰레기통에 들어가기까지 훨씬 더 오래 걸리는 신발.
그것이 캠퍼의 생각이다.

명분이 전부가 아니다_올버즈

'더 나은 방법으로 더 나은 제품을 만든다Make better things in a better way'는 메
시지처럼 올버즈Allbirds는 천연울을 주 원료로 하되, 강도와 내구성이 좋
은 소재를 개발하고 사업을 시작했다. 뉴질랜드 출신의 축구선수였던 팀
브라운Tim Brown과 미국 캘리포니아 출신 사업가 조이 즈윌링거Joey Zwill-
inger는 알록달록한 컬러, 과장된 기능성, 셀 수 없이 많은 합성소재를 사
용한 축구화 대신 좀 더 심플한 운동화를 만들고 싶었다. 그들이 대체 소
재로 택한 천연 메리노 울은 부드럽고 통기성이 좋으면서도 온도 조절이
되며, 매년 자연에서 새로 자라나는 프리미엄 천연소재다. 올버즈에서
사용하는 천연양모는 친환경 울 소재 인증 조직인 ZQ 메리노와 협력한

목장에서 생산된다. 토양과 동물복지에도 신경 쓴 양모는 이들의 자랑이다. 더불어 유칼립투스 나무 섬유, 버려진 페트병으로 만든 재생 폴리에스터 원단, 사탕수수 폐기물이 올버즈의 주요 원료다.

보통 신발에서 가장 문제가 되는 환경오염 물질은 신발 깔창이 되는 석유계 에틸렌−비닐 아세테이트EVA 플라스틱 폼이다. 올버즈는 이 밑창을 사탕수수로 만든 스위트폼 미드솔로 대체했다. 탄소발자국 개념을 도입해 재료만이 아니라, 제조 공정, 제품 사용 및 세탁, 폐기, 운송까지 신발 하나를 제작하는 데 얼마나 많은 탄소가 배출되는지 투명하게 밝혔다.

이렇게 완성된 올버즈 신발은 '지속적'으로 사용할 수 있었다. 생활과 일이 엄격하게 분리되지 않는 스타트업과 실리콘밸리의 사람들에게는 비즈니스 캐주얼 룩이 되었으며, 운동하건 비행기 안에서건, 비즈니스 미팅에서건 어디서든 신을 수 있었다. 연예인이든 사업가든 대통령이든 모두에게 잘 어울렸다. 게다가 친환경 소재로 만들었다는 윤리성으로 브랜드를 선택한 사람의 격을 올렸다. 올버즈의 운동화 끈 디자인이 기존 운동화와 다른 것도 편안한 착화감 때문이었다. 올버즈의 멋과 브랜드 메시지에 관심을 가진 오바마 대통령, 디카프리오 같은 유명인의 도움을 받아 그들은 짧은 시간에 세계적인 명성을 갖게 되었다. 시대가 원하는 지속가능성을 구현한 브랜드의 출현을 모두 반긴 것이다.

올버즈의 문제가 명확해진 것은 성공적인 상장 후였다. 상장 1년 8개월 만에 올버즈의 주가는 93% 이상 하락했다. 2024년 4월에는 1개월 연속 1달러 이상 주식 가격을 유지하라는 경고장을 나스닥 거래소로부터

메리노울과 사탕수수 폐기물이라는 천연소재를 사용해 화제를 모은 올버즈. 초기의 내구성 문제를 극복해, 친환경과 지속가능성의 실험을 이어나가고 있다.

받았다. 그렇지 않으면 상장 폐지하겠다는 경고였다.

'몇 달 만에 구멍나는 운동화'라는 소문이 문제였다. 소비자들은 인증샷으로 올버즈의 품질을 문제 삼았다. 구멍이 잘 나는 이유는 소재 때문이었다. 울을 짜서 만든 신발이기 때문에, 여타 운동화 브랜드만큼 내구성이 강하지 못했다. 플라스틱 소재를 사용하지 않았기 때문에 착용감은 편안하지만 러닝을 하기에 밑창은 견고하지 않았다. 일상생활에는 적합했지만 운동하기에는 부족했다. 신발에 사용되던 소재를 의류에 그대로 적용하면서 형태가 쉽게 무너졌다.

신발과 옷은 기본적으로 신체를 보호해야 한다. 실리콘밸리의 사람들처럼 지속가능성이라는 명분이 중요한 사람이라도 오래 신으면 밑창이 견디지 못하는 신발과 빨면 형태가 무너지는 레깅스를 한 번 이상 선택할 수는 없다. 가격이 저렴하지도 않으면서 달리는 데 적합하지 않은 운동화를 구입할 이유도 없다. 친환경 소재를 사용하더라도 기본적인 내구성과 기능성은 갖춰야 했다. 품질과 지속가능한 소재 사용 사이에 최적화가 필요했던 것이다.

자사몰에서 고객에게 제품을 직접 판매하는 D2C 방식 유통도 문제였다. 온라인 커머스 시장 경쟁이 심화되면서, 그들은 막대한 비용을 온라인 광고에 쏟아야 했다. 지속적인 적자는 기업의 경영에 의문을 낳았다. 구조조정이 이어졌다. 2022년 올버즈는 전체 직원의 8%를 해고했고 그다음 해에는 9%에 해당하는 직원을 추가로 해고했다. 창업자인 팀 브라운과 조이 즈윌링거는 실적 부진에 대한 책임을 지고 경영 일선에서 물러났다. D2C로 온라인과 오프라인 자사몰에서만 판매하던 전략도 조정했다. 오프라인 매장을 축소했고, 입점 매장은 공격적으로 확대했다. 도매 판매를 확대하며, 자사몰에서만 만날 수 있는 브랜드가 아니라 어디서나 살 수 있는 브랜드로 변하고 있다.

히트 제품인 트리러너와 울러너의 소재를 바꾸면서 내구성을 개선하는 리뉴얼을 단행했다. 재활용 합성소재를 사용하거나 천연소재의 성능을 높이는 기술을 개발해 친환경적이면서도 내구성 높은 제품 개발에 힘을 쏟고 있다. 동시에 탄소제로 신발 출시 계획을 알렸다. 올버즈의 신발은 평균 10kg의 이산화탄소를 배출한다. 이 배출량을 제로로 만든 탄소중립 운동화 문샷은 메리노 양털을 신발 갑피에 사용하고, 생산 과정에서 오염물질 배출을 줄인 바이오 기반의 밑창을 사용한다. 올버즈는 이 문샷 제작 비법을 '문샷 레시피'라는 이름으로 공개했는데, 다른 업체와 제작 비법을 공유해 함께 넷제로를 이루려는 의도이다. 올버즈는 더 좋은 방식으로 제품을 만들겠다는 고집을 버리지 않았다.

친환경 소재 개발의 딜레마

캠퍼와 올버즈는 기존 소재를 친환경으로 대체하려는 브랜드가 주의해야 할 점을 보여준다. 지구를 살리려는 마음보다 더 중요한 것은 지속적으로 구매할 만한 가치가 있는 제품을 만드는 것이다. 더 나은 품질은 대체 소재나 친환경 브랜드의 생존을 위한 필요조건이다. 대체 소재가 비록 효과적으로 탄소저감, 탄소중립을 달성하더라도 완제품이 고객의 일상생활에서 충분히 기능을 발휘하지 못한다면 그 소재는 가치가 떨어진다. 기존 소재를 완전히 대체하지 못하는 것이다.

천연가죽 또한 마찬가지다. 해조류, 균사체, 선인장을 사용한 대체 가
죽이 많이 개발되고 있지만 천연가죽을 대체하는 소재는 아직 없다. 동
물 가죽이 갖고 있는 내구성과 통풍, 정성 들여 사용하면 점점 윤이 나면
서 사용자에게 맞게 변화하는 성질을 재현하지 못한다. 천연가죽 소재를
오래 쓰는 것이 플라스틱 가죽을 몇 번 쓰고 버리는 것보다 더 낫다는 캠
퍼의 주장은 지금의 현실을 비판하는 유의미한 지적이다.

새로운 기술을 개발하고, 전에 없던 소재를 연구하는 것은 분명 환경
문제를 해결하는 방법이다. 그러나 유일한 해결책은 아니다. 이미 존재
하는 시스템을 효율적으로 조정하는 것도 효과적인 방법으로 고려되어
야 한다.

고급화 전략은
친환경 소재에 있다

패션산업의 지속가능성 실험은 일찍부터 시작됐지만 여전히 비판을 받는다. 일부 소재를 친환경으로 교체하더라도 생산 과정에서 불공정 무역이나 강제 노동 문제가 드러나거나, 너무 많은 제품을 생산하고는 다음해에 불태우는 등 생산과 소비 과정이 친환경적이지 않기 때문이다. 전통적으로 사용해온 소재인 동물 가죽이나 털은 탄소 발생, 동물권 침해, 토양 황폐화, 노동자 건강 악화와 같은 문제를 복합적으로 발생시킨다는 지적도 계속되고 있다.

패션업계는 천연퍼 소재의 퇴출에는 부분적으로 성공했지만 천연가죽으로의 전환은 아직 성공하지 못했다. 가죽의 내구성과 재질이 주는 자연스러운 아름다움을 포기할 수 없기 때문이다. 샤넬의 보이백이나 디올의 레이디 디올 등 럭셔리 브랜드에게 가죽가방은 브랜드의 시그니처이자 꾸준히 수익을 가져다주는 캐시카우 제품군이기 때문이다. 의상부터

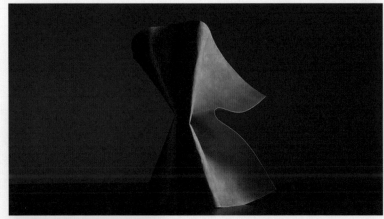

송아지가죽 대신 버섯가죽을 이용한 백.
천연가죽과 거의 구별하기 어려울 정도로 내구성과 강도, 질감이 뛰어나다.

가방, 액세서리까지 다양한 가죽을 사용하는 럭셔리 브랜드 중 에르메스는 희소성 있는 천연가죽만을 고집해 악명이 높다. 에르메스는 샤넬, 멀버리, 비비안 웨스트우드 등 많은 명품 브랜드가 악어와 타조 가죽 사용 중단을 선언할 때에도 동참하지 않은 것으로 유명하다. 호주 북부, 노던 준주에 5만 마리 규모의 악어 농장을 기획해 많은 동물복지 활동가들에게 비난을 받은 적도 있었다. 그런 에르메스가 비동물성 대체 가죽을 시험하기 시작했다.

버섯으로 만든 에르메스 가방

에르메스는 2021년 가을·겨울 시즌 한정판 '빅토리아 백'을 선보였다. 다른 빅토리아 백처럼 6개월 미만의 송아지가죽인 카프스킨Calfskin을 쓰는 대신 실바니아Sylvania 소재로 만든 가방이었다. 실바니아는 에르메스가 미국의 생명공학 기업 마이코웍스MycoWorks와 협력해 3년에 걸쳐 개발한 버섯가죽이다. 실바니아는 우리가 흔히 아는 버섯의 갓과 기둥이 아닌, 버섯의 솜털과 같은 균사체를 활용한 대체 가죽이다. 균사체는 성장하는 과정에서 가느다란 실이 서로 얽히면서 부풀어 오른다. 이를 압착해 가공하면 우리가 흔히 사용하는 동물성 가죽과 매우 유사한 질감의 대체 가죽이 만들어진다. 실바니아는 내구성과 강도, 질감에 특히 공을 들였다.

마이코웍스는 소재에 민감한 명품 브랜드들도 얼마든지 대체 가죽으로 제품 품질을 구현할 수 있다고 강조한다. 실제 빅토리아 백의 제조 공정은 다른 에르메스의 가죽 제품을 제조할 때와 똑같다. 마이코웍스가 실바니아 가죽을 프랑스의 에르메스 공장에 보내면 장인들이 무두질과 마감 처리를 하면서 에르메스만의 품질 기준에 맞게 가방을 제작한다. 실바니아는 에르메스 가죽 염색 공장에서 동물 가죽과 똑같은 방식으로 주름 작업을 수행할 수 있고, 정교한 그라데이션 컬러까지 구현할 수 있다. 더불어 가죽 시트를 생산할 때부터 필요한 넓이와 모양을 마음대로 조작할 수 있어 원단의 폐기물도 줄이고 수직 농장을 통해 생산되어 토지와 물 사용량을 획기적으로 줄일 수 있다. 실바니아 대체 가죽의 탄소 배출량은 제곱미터당 2.76kg에 불과하다. 이는 기존 동물 가죽의 탄소배출량이 110kg인 것과 비교해 매우 낮은 수치이다. 폐기 시 생분해되어 환경에 미치는 영향도 적다.

그동안 개발된 비건가죽의 문제는 사용성과 내구성을 높이기 위해 플라스틱 코팅이나 첨가물을 사용하는 것이었다. 이는 생분해되는 비건가죽의 강점을 저하시키는 요인이었다. 마이코웍스는 플라스틱을 사용하지 않는 방안을 찾기 위해서 미세 균사체Fine Mycelium라는 공정을 개발했다. 이는 균사체가 자라는 과정에서 더욱 정교한 구조로 형성되게끔 조정하는 기술이다. 이 기술로 생산된 비건가죽은 사용성과 내구성이 더 높다. 마이코웍스는 비건가죽을 보다 효율적으로 가공할 수 있는 식물성 화학 물질을 개발하며, 2023년에 최초로 버섯가죽 상업화를 성공했다.

규모 확장에 나선 버섯가죽

마이코웍스의 CEO 매트 스컬린Matt Scullin은 '수십 년간 대체 가죽은 품질과 규모 확장이라는 두 가지 장벽에 부딪혀왔다'고 말한다.[10] 그나마 버섯가죽은 품질적인 면에서 많은 개선을 이루며 명품 패션 브랜드에서도 쓰일 만큼 상용화에 성공했다. 문제는 규모의 확장이었다. 기존 동물성 가죽을 대체하기 위해서는 시장의 수요를 따라갈 수 있을 정도의 생산력이 필요했다. 이 생산력 문제 때문에 사업을 중단한 이도 있다. 버섯가죽의 선도기업이었던 볼트스레드BoltThreads이다. 그들은 버섯가죽의 상용화에 앞장서왔음에도 불구하고 2023년 7월 버섯가죽 사업을 무기한 중단하겠다고 발표했다. 볼트스레드는 2018년 버섯가죽 마일로Mylo를 공개하며 최초의 버섯가죽 의류를 선보였을 만큼 마이코웍스와 함께 주목받던 기업이었다. 상업적 생산 준비가 됐다고 밝힌 지 2년 만에 사업을 중단하게 된 이유는 투자 자본 부족 때문이었다. 이들의 사업 중단에서 비건가죽 산업 자체에 대한 위기를 느낀 사람들도 있었다.

마이코웍스가 볼트스레드와 달랐던 지점이 바로 규모의 확장이었다. 마이코웍스는 규모가 작은 파일럿 공장을 운영하며 차곡차곡 생산 역량을 쌓아오다가 2022년 미국 사우스캐롤라이나 주에 대규모의 공장을 건설하며 2023년 상업화를 선언했다. 2023년 9월 13만 6,000제곱피트 면적의 버섯가죽 공장이 가동되기 시작했다. 마이코웍스의 생산 능력은 비건가죽의 더 빠른 전파를 상상하게 한다. 패션산업을 넘어 가구, 자동차산업까지 대체 가죽 소재를 찾고 있는 곳이라면 어디든 그 영향력이 확대될 것으로 전망된다. 실제로 에르메스와 더불어 프랑스 고급가구 브랜드 리네 로제Ligne Roset, 캐딜락Cadillac이 마이코웍스의 새로운 고객이 되었다. 자동차산업은 패션산업에 이어 두 번째로 가죽을 많이 사용하기에 버섯가죽의 미래가 기대되는 분야이다.

식물성 베블런 효과

에르메스는 왜 실바니아를 선택했을까? 당시 에르메스 인터내셔널 감사 및 조직 개발 총괄 부사장이었던 올리비에 푸르니에Olivier Fournier는 '동물 가죽을 대체하기 위한 것이 아니'라고 언급했다. 그는 에르메스의 소재에 다양성을 확대하기 위해 실바니아를 선택했다고 말한다. 즉, 실바니아는 가죽의 대체재가 아니라 또 다른 럭셔리 소재라는 것이다.[11]

엄밀히 말해 실바니아 빅토리아 백은 '비건 백'은 아니다. 손잡이가 여전히 송아지 가죽이다. 에르메스는 비건가죽을 통해 이 시대의 베블런 효과Veblen Effect를 기대한 것으로 보인다. 베블런 효과는 물건 가격이 오르는데도 불구하고 오히려 수요가 높아지는 현상을 말한다. 비싼 물건을 살 수 있는 자신이 남들에게 더 특별한 사람으로 보일 거라는 심리 때문이다. 에르메스에게 버섯가죽은 희소성을 더하는 전략인 셈이다.

보스턴 컨설팅 그룹에 따르면 미국 소비자의 38%는 가죽 대체 제품에 대해 잘 모른다고 말했으며, 37%는 어떤 제품이 대체 가죽이 맞는지 아닌지도 모른다고 했다. 그러나 소비자들은 지속가능한 가죽 대체 소재에 대해 최대 10%의 프리미엄을 기꺼이 지불할 용의가 있었다고 응답했다.[12] 에르메스는 이 부분을 잘 이용한 셈이다. 마이코웍스 또한 캐딜락과 함께 자동차 인테리어를 위한 새로운 소재 개발에 착수하고,[13] LVMH 그룹과 리치몬드 그룹에서 경력을 쌓은 프랑스의 럭셔리 마케터 지네브라 보랄레비Ginevra Boralevi를 커뮤니케이션 디렉터로 임명하는 등 베블런 효과를 일으키겠다는 것을 분명히 한다.

버섯가죽은 오래된 미래일 수도 있다. 2021년 2월 학술지 〈균류학〉에 실린 논문을 보면, 북아메리카 원주민은 오래전 숲의 버섯 균사체를 매트로 만드는 데 이용했다고 한다.[14] 버섯가죽의 상업적 성공과 생태계의 확장을 위해서 럭셔리 브랜드가 선택하는 희귀한 소재로 확고하게 각인되는 과정이 효율적일지도 모른다. 대중 패션이 고급 브랜드들의 행보를 빠르게 쫓아오니 말이다.

소재를 바꾸면 인식이 바뀌고,
새 시장이 열린다

편의점에 들어가 첩보 영화를 찍듯 콘돔을 찾았던 경험이 있을 것이다. 누구에게나 자연스럽고, 모두가 필요로 하는 생활용품이지만 구매하거나, 소지하고 있다는 이유만으로 이상한 죄의식을 느끼는 콘돔. 콘돔에 대한 왜곡된 인식은 동양에만 있는 것이 아니다. 상대적으로 개방적인 미국도 마찬가지다. 미국의 한 성인용품 기업의 조사에 따르면 약 71%의 미국인 여성은 콘돔을 구매하는 일에 수치심을 느낀다고 응답했다. 또한 미국의 대표 도시인 뉴욕에서조차 2014년까지 콘돔을 휴대하는 여성을 매춘 용의자로 체포하는 근거로 삼기도 했다.[15] 건강한 성생활을 하는 데 필수적인 제품이지만 숨기기에 급급한 것도 현실이다.

피임과 더불어 에이즈와 성병을 예방하며 19세기 가장 위대한 발명품이라 칭송받는 콘돔의 한계는 여기서 그치지 않는다. 콘돔이 지구의 건강을 해치고 있기 때문이다. 사람들이 사용한 콘돔은 일반적으로 그냥 쓰레기통이나 변기에 버려진다. 이 콘돔이 땅이나 바다로 흘러 들어가면 약 4년 동안 썩지도 않고 방치된다. 이는 토양과 수질 오염을 넘어 생태계에도 큰 위협이다. 보통 사람들은 콘돔의 재료가 천연고무(라텍스)인 만큼 자연에 무리가 없을 것이라 생각하지만 시중에 판매되는 대부분의 콘돔은 천연고무로만 만들어지지 않는다. 부드러운 질감을 연출하기 위해 우유에서 추출한 단백질인 카제인을 첨가하고, 마찰로 인해 콘돔이 찢어지는 것을 방지하기 위해 석유에서 나오는 실리콘 오일을 사용한다. 화학적 첨가제들도 환경에 부담이다.

환경과 인식을 개선한 콘돔_서스테인 내추럴

콘돔에 대한 불편한 현실을 바꾸고자 노력한 브랜드가 바로 서스테인 내추럴Sustain Natural이다. 이들은 친환경적이고 윤리적인 성생활을 위한 제품을 만들려고 했다. 우선 콘돔이 환경에 주는 부정적 영향부터 줄이고자 소재를 바꿨다. 공정무역을 통해 생산된 천연고무로 콘돔을 생산했으며, 카제인도 사용하지 않았다. 콘돔의 제품 특성상 가장 중요하지만 가장 환경에 부담을 주는 실리콘 오일을 배제하고, 이를 대신할 천연재료를 찾기 위해 노력했다. 코코넛 오일 같은 천연오일도 있었지만 일부 천연오일은 콘돔의 두께를 얇게 만들기 때문에 손상 위험을 가중시켰다. 서스테인 내추럴은 연구 끝에 알로에 성분을 활용한 오일이 가장 훌륭한 대안이라는 사실을 찾아냈다. 알로에 성분은 고무의 내구성을 그대로 유지시키며 손상을 일으키지 않는 천연오일이었다.

서스테인 내추럴은 콘돔의 소재를 친환경적으로 교체하는 것과 더불어 소비자들이 콘돔을 구매하고 소지하면서 느끼는 수치심을 줄이는 데에도 노력했다. 2010년대 당시 대다수의 콘돔 브랜드 제품 패키지는 성적인 상징물을 표현했다. 무엇보다 콘돔이라는 제품 자체를 남성의 것으로만 표현하는 것은 문제였다. 실제 콘돔 구매자의 40%는 여성이었다. 남성에 편중된 디자인과 커뮤니케이션은 여성이 콘돔을 구매하고 소지하는 데 더욱 어려움을 느끼게 했다. 서스테인 내추럴은 제품 포장부터 차분한 컬러와 모던한 패턴 디자인을 입혀 야한 느낌이 들지 않도록 했다. 일반 여성을 기용한 광고로, 여성이든 남성이든 누구나 수치심을 느끼지 않고 콘돔을 구매하고 소지할 수 있도록 했다. 성적인 제품이 아니라 어른의 건강 생활 제품으로 식물성 콘돔 브랜드의 이미지를 리포지션한 것이다.

서스테인 내추럴의 공동 창업자인 제프리Jeffrey Hollender와 마이카Meika는 부녀 사이로, 그들이 콘돔 사업을 함께한다는 점도 주목을 받았다. 부녀가 함께 만드는 콘돔에 성적인 뉘앙스가 포함될 일이 없었다. 건전하고 긍정적인 이미지, 가족적인 이미지가 더해졌다.

친환경 제품 분야에서는 유명 인사인 제프리의 영향력도 강력했다. 1988년 세븐제너레이션을 설립한 그는 오래전부터 표백제를 넣지 않은 일회용 기저귀와 황산염이 첨가되지 않는 비누 등을 만들며 친환경 생활용품을 기획해왔다. 기업명에서도 알 수 있듯 '일곱 번째 세대에게 남겨질 지구'를 생각하는 브랜드를 성공적으로 론칭했던 제프리는 연간 10억 달러 규모의 콘돔 시장이 아직까지도 환경에 주목하지 않는 점을 지적했다. 그리고 그의 부인, 딸과 함께 콘돔 사업을 새롭게 시작한 것이다. 이

서스테인 내추럴과 에인호른은 상품이 속한
카테고리의 문법에서 벗어난 행보로 브랜드 이미지를 바꾸었다.

들은 2014년 환경과 건강을 생각하는 생활용품이라는 새로운 콘돔 이미지에 공감하는 사람들에게 크라우드 펀딩을 통해 모은 60만 달러로 친환경 콘돔 사업을 시작했다.

론칭과 동시에 서스테인 내추럴은 미국 최대 오가닉 유통업체 홀푸드 마켓에 입점하며 빠르게 인지도를 쌓았다. 홀푸드 마켓은 미국의 대표적인 프리미엄 오가닉 유통점으로, 이곳에 제품이 입점되었다는 것만으로도 고객들에게 좋은 제품, 안전한 제품이라 인식된다. 서스테인 내추럴은 최초로 섹슈얼 웰니스 카테고리를 만들어내며 성장해오다 2019년 그로브Grove Collaborative에 인수되었다.

성인용품 카테고리의 문법에서 벗어나려는 물결_에인호른

서스테인 내추럴이 만들어낸 변화는 성인용품 시장에 새로운 흐름으로 이어진다. 미국 콘돔 브랜드 트로잔Trojan은 내추럴램Naturalamb을 론칭했다. 양의 내장[16]을 이용해 피임하던 전통을 현대적으로 재해석한 생분해성 콘돔이다. 독일 콘돔 브랜드인 에인호른Einhorn은 비건콘돔을 개발했다. 독일어로 유니콘을 뜻하는 에인호른은 환경과 건강, 성적 다양성을 생각하는 젊은 소비자들이 좋아할 만한 밝고 건강하며 유머러스한 브랜드 커뮤니케이션으로 기존 성인용품 시장의 문법을 파괴하며 새로운 흐름을 만들어내고 있다. 2017년 론칭한 행크스Hanx는 지속가능한 섹슈얼 웰빙 브랜드를 표방한다. 이들은 비건 및 생분해성 콘돔을 주력으로 하는데, 이 중 100% 페어 러버 라텍스Fair Rubber Latex 콘돔은 생분해되며 동물성 재료를 전혀 사용하지 않았다. 깔끔한 패키지에는 기존 콘돔의 섹슈얼한 문법이 전혀 보이지 않는다.

　성인용품 카테고리의 새로운 브랜딩 흐름은 단순히 콘돔 제품에만 그치지 않는다. 유기농 성분의 러브젤부터 친환경 소재로 제작된 섹스토이까지 범위가 확대되고 있다. 블러쉬 노벨리티Blush Novelty의 바이브레이터 제품 가이아 에코Gaia Eco는 옥수수전분을 활용한 친환경 생분해성 플라스틱을 사용했다. 섹스토이 브랜드 러브낫워Love Not War 역시 리사이클 메탈, 실리콘, 종이를 활용한 제품을 출시하며 성인용품 시장의 환경을 생각한 움직임을 앞당겼다. 오션ohhcean은 바다에 떠밀려온 플라스틱으로 만든 최초의 섹스토이 브랜드다.

　이 브랜드들에 한계점이 없는 것은 아니다. 생분해성 콘돔인 트로잔의 내추럴램은 라텍스 알러지에는 완벽한 답이지만, 성병 위험을 완전히 차단하지는 못한다. 기존 성인용품 브랜드의 친환경 성분 라인은 일부분일 뿐, 여전히 환경에 문제가 되는 제품들이 판매되고 있다. 그러나 서스테인 내추럴이 등장한 2014년 이후 시장이 확대되며 새로운 문법의 친환경 브랜드가 속속 등장하고 있다. 숨기기보다 드러내며 건강하고 지속가능한 섹슈얼 라이프스타일을 위한 성인용품에 대한 인식도 변하고 있다. 어두운 골목에 숨어있던 성인용품숍이 최근에는 도시 대표 상권에 세련된 공간으로 거듭나고 있다. 사람들은 성인용품숍을 쉽게 찾아볼 수 있으며, 온라인숍도 늘었다. 불과 10년 사이에 일어난 일이다.

　브랜드여서 할 수 있었던 일이다.

질적 개선은 목적, 기술,
디테일에 있다

64%. 서울 시민의 64%가 코로나19 팬데믹 이후에도 기후위기와 환경오염에 대한 관심이 증대될 것이라고 응답했다.[17] 영국 시장조사 기업 유로모니터의 조사결과도 비슷하다. 65%의 영국 소비자가 일상에서 기후변화 문제를 해결하기 위해 노력하고 있다고 응답했다. 이 중 45%는 자신이 문제해결에 기여하고 있다고 인식했다.

그렇다고 이 숫자에 안심해서는 안 된다. 엔데믹 이후 기후위기에 대한 사람들의 태도는 훨씬 과격하다. 해외에서는 다양한 노력을 하는데도 이상 고온이나 홍수, 가뭄, 산불 같은 기후재난이 멈추지 않자 문제해결에 대한 의욕이 꺾이는 피로, 즉 그린퍼티그Green Fatigue[18] 현상이 보고되고 있다. 기후위기에 대해 피곤함을 느끼는 소비자들은 실천을 유보하거나 중단한다. 동시에 기후위기에 대해 보다 감정적으로 대응한다. 기업과 정부의 활동이 정말 친환경적인지 면밀하게 살피고, 그 기업이 기후

문제를 해결하려 하지 않고 책임을 떠넘긴다고 생각하면 분노와 불신을 표현한다. 영국 비영리단체인 유기농무역협회가 2,000명의 소비자를 대상으로 실시한 조사에 따르면 의류 생산 기업이 유기농 섬유를 사용한다고 말하며 뒤로는 자연과 신체에 유해한 합성 살충제 등 화학물질을 사용한 경우, 응답자 59%가 분노나 혐오감을 느낀다고 응답했다.[19]

　친환경, 지속가능성에 대한 소비자들의 기준은 상당히 까다로워졌다. 직접 실천한 경험치와 풍부해진 지식으로 질적으로 다른 판단을 시작한 것이다. 남들만큼 지속가능성을 추구했던 수많은 브랜드와 이들을 선택했던 소비자들이 여전히 같은 선택을 할지, '지속가능성 브랜드'로 쳐주기나 할지 늘 의심해야 하는 이유다. 지속가능성에 대한 기준점이 앞으로 얼마나 질적으로 달라질지, 높아지고 까다로워질지 판가이아를 보면서 가늠해볼 수 있다. 지속적으로 우리 브랜드를 점검하고 개선하기 위한 기준으로, 판가이아는 세 방면을 보여준다.

Purpose-driven, 시즌별 대신 리즌별 컬렉션

판가이아PANGAIA는 2018년에 첫 공식 컬렉션을 선보인 글로벌 패션 브랜드이다. 이들은 조금 다른 관점으로 환경문제에 접근한다. 과학과 패션, 자연의 만남이다. 패션을 다루는 기업이지만 디자이너뿐만 아니라 전문 과학자, 기술자가 모여 '환경보존'이라는 미션하에 과학을 패션소재에 접목한다.

　판가이아의 소재는 생각지도 못한 혁신을 보여준다. 오리털 충전재를 야생화로 대체하거나, 포도로 가죽을 만든다. 바나나, 파인애플, 대나무에서 추출한 식물성 소재도 있다. 판가이아는 과학 기술을 적극적으로 패션에 도입하는 첨단 자연주의High-tech Naturalism로 브랜드와 기업이 어떤 수준으로, 이 시대의 지속가능성을 추구해야 하는지 알려준다.

원래 판가이아는 스스로를 '우리의 환경을 구하는 것을 목표로 하는 소재과학 기업'으로 명쾌하게 설명했다. 브랜드의 미션은 환경보존, 방법은 소재과학이었다. 포스트코로나 시대에 들어서며 단어 선택이 달라졌다. '판가이아는 프리미엄 라이프스타일 제품과 경험으로 세계적인 문제를 해결하는 혁신을 만드는 소재과학 기업입니다.' 브랜드 소명을 환경에만 국한하지 않고 지구로 넓혔다. '우리의 비전은 지구의 긍정적인 미래에 대한 영감을 주고 이를 촉진하는 것입니다.' 지구의 긍정적인 미래를 비전으로 삼았다. 목적 또는 존재 이유를 중심으로 브랜드를 정의한 것이다.

판가이아의 방식은 이점이 많다. 명확하면서도 유연한 브랜드 성장이 가능하다. 목적이 명확하면(Why) 그 목적을 달성하는 방법을 찾게 되고(How) 그에 대한 해답으로 제품과 서비스가 도출된다(What). 브랜드가 왜 존재하는지 먼저 정의하면 기업도, 고객도 유연해진다. 테슬라는 전기차 제조업에서 출발해 에너지, 소프트웨어, 데이터 산업까지 확장했지만 어색하지 않다. '지속가능한 에너지로의 세계적 전환을 가속화한다'라는 명확한 미션에서 출발했기 때문이다. 반면 제품과 서비스로 브랜드를 정의하면 확장할 때마다 기존 사업과의 연계성에 초점을 맞추게 된다. 운신의 폭이 좁아진다.

판가이아의 제품은 특정 환경문제를 해결하기 위해 그들이 찾아낸

'답'을 담고 있다. 페퍼민트PPRMINT™는 페퍼민트 오일로 옷을 코팅해서 옷 냄새의 원인인 세균의 증식을 억제하는 기술이다. 오래 입어도 냄새가 나지 않으니 자주 빨 필요가 없다. 페퍼민트는 지구의 물 부족 문제를 해결하는 솔루션이다. 미국 한 가구당 연간 3만 4,000갤런(약 13만 리터)의 물을 사용한다. 이 중 대부분은 세탁하는 데 사용되는데, 판가이아의 바람대로 세탁 횟수가 줄면 물과 에너지, 세제 사용을 모두 줄일 수 있다. 판가이아는 시즌별 컬렉션이 아니라 리즌Reason별 컬렉션을 제안한다.

Technology, '소재과학'이라는 뾰족함

한 번 더 살펴보자. 판가이아는 자신들을 'Material Science Company'로 소개한다. 소재과학Material Science을 환경보존이라는 소명을 이루는 방법으로 선택한 것이다. 지속가능성에 대해 이야기할 때 가장 강력한 소구점은 기술이다. 어쩌면 말은 하면 그만이다. 뜻이 아무리 좋아도 그것을 현실화되지 않으면 지속가능성은 한낱 포장이다. 과정의 혁신을 보여주는 에버레인이나 탐스의 해결책은 개선에 가깝다. 그린퍼티그를 겪는 지구공동체의 환경에 대한 위기감은 근본적 변화에 대한 갈망으로 이어지고 있다. 물을 적게 쓰는 공정보다는 아예 물이 필요 없는 기술에 환호한다.

판가이아의 플라워다운FLWRDWN™은 덕다운, 구스다운에서 사용되는 동물성 충전재를 야생화로 대체한다. 믿기 어렵지만 판가이아 패딩에는 세 가지 생분해 소재가 들어간다. 말린 야생화, 옥수수에서 얻은 생물고

분자물질Biopolymer, 에어로젤Aerogel[20]이다. 10년 연구 끝에 개발된 플라워다운은 필파워가 600이다. 필파워란 다운의 탄성을 나타내는 수치로, 숫자가 클수록 솜털 사이의 공기층이 많아 가벼운 무게로도 따뜻하다는 의미다. 보통 500~1,000 사이이니 필파워 600이면 우리나라의 겨울에 입어도 보온 효과가 뛰어날 것이다.

2021년에 출시된 판가이아×에어잉크PANGAIAxAIR-INK 컬렉션에서 우리가 주목해야 할 것은 의류에 전사된 그래픽과 문자이다. 프린팅에 사용된 잉크는 대기 중의 탄소를 포집해 만들었기 때문이다. 화석연료를 연소할 때 발생하는 부산물은 인도 도시뿐 아니라 전 세계적으로 기후에 악영향을 초래한다. 화석연료의 사용과 산업 활동으로 인해 발생하는 배기가스 중, 가장 작은 크기의 오염입자를 PM2.5라고 부른다. 이는 혈중에 흐를 수 있을 만큼 미세해 인체에 해롭다. 에어잉크는 이 입자로 만든 잉크이다. 에어잉크는 인도의 테크 솔루션 기업 그래비키 랩Graviky Labs에서 만들었다. 에어잉크의 개발자 아니루드 샤마Anirudh Sharma는 인도에서 컨퍼런스를 참석하기 위해 흰옷을 입고 나갔다가 대기 중의 검은 오염물질이 옷에 쌓이는 것을 봤다. 그래비키 랩은 이 부산물을 염료로 사용할 수 있을 것이라 생각하고 차량의 배기기관과 휴대용 발전기에서 나오는 입자를 모았다. 이를 통해 탄생한 에어잉크로 섬유에 프린트한다는 것은 대기 오염물질을 붙잡아 의류에 봉인하는 셈이다.

그밖에도 판가이아는 포도로 만든 가죽, 해조류에서 얻은 섬유, 과일 폐기물을 활용한 식물 섬유, 미생물을 생물공학적으로 활용한 염색법 등 다양한 기술과 소재를 제품에 적용한다. 그들의 언어로 첨단 자연주의라

과학기술을 적극적으로 패션에 도입하는 첨단 자연주의의 일례로 에어잉크를 들 수 있다. 에어잉크로 섬유에 프린트한다는 것은 대기 오염물질을 붙잡아 의류에 봉인하는 셈이다.

고 불리는 이 모든 기술은 '지속가능한 미래'를 꿈 같은 이야기가 아닌 현실로 만들어준다.

Details, 소재, 공정, 포장까지 지속가능하게

마지막은 판가이아의 디테일에 있다. 판가이아는 총체적인 접근을 강조한다. 소재가 훌륭해도 공정이 형편없다면 의미가 없다. 그들은 생산에 관계된 모든 것을 환경보존이라는 미션에 맞게 정립하는 데 집중한다. 그들은 24주 내에 비료화되는 소재인 TIPA 포장재를 사용한다. 옷 자체도 친환경적이지만 옷과 함께 온 포장재도 친환경적이다. 제로웨이스트를 위한 그들의 선택이다.

판가이아의 옷에는 라벨 형태로 QR코드가 붙어있는데 이는 디지털 상품 여권DPP, Digital Product Passport이다. 옷을 구입한 소비자가 QR코드를 스캔하면 옷의 취급 방법은 물론, 옷이 어떻게 제조되고 운송되었는지,

직접적인 환경 영향 절감 효과는 얼마나 되는지, 옷의 재활용과 폐기는 어떻게 할 수 있는지를 알 수 있다. 한 마디로 옷의 여정을 모두 담은 디지털 여권이다. 판가이아 옷의 추적성traceability과 지속가능성을 개인화된 경험으로 제공한다.

디지털 상품 여권은 2020년 호라이즌Horizon 컬렉션에 처음 적용되어 옷의 재활용과 교류의 매개체 역할도 한다. 지금은 영국과 아일랜드에서만 이용 가능한 판가이아 리웨어Pangaia ReWear 사이트는 소비자가 제품을 재판매하고 재구입할 수 있는 온라인몰이다. 소비자들은 QR코드 등록으로 제품을 더 쉽게 재판매할 수 있다. 제품의 수명을 연장하는 새로운 순환 과정에 올라타는 티켓인 셈이다.

판가이아의 CIO 퍼크스는 "기본적으로 전체 제품과 재료에 대한 우리의 철학은 '하이테크 자연주의'"라고 설명한다. 그는 플라워다운 기술이 개발되는 데 10년이 걸렸다고 밝혔다. 여기에도 판가이아의 세심함이 담겨 있는데, 플라워다운에는 말린 '야생화'가 사용된다는 게 포인트다. 충전재를 위해 일부러 대량재배한 꽃이 아니다. 다시 CIO의 말을 들어보자.[21]

우리는 자연에서 발생하는 폐기물을
모두 활용하고 싶습니다.
과잉 경작되고 생산된 면화산업의 일이
재현되는 것을 원하지 않습니다.
우리는 단일 솔루션 대신
재생 농업과 다양성 영역에 머물기를 원합니다.

아만다 퍼크스, 판가이아 CIO

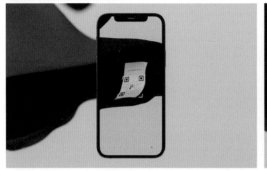

판가이아 소비자들은 제품에 붙어있는 QR코드를 통해 제품의 여정을 알 수 있다. 이 QR코드
는 미국의 프로덕트 클라우드와 디지털 솔루션 기업 이온이 협업해 만들었다.

면화업계의 실수를 반복하지 않겠다는 것은 무슨 의미일까. 천연소재
라고 다 친환경이 아니라는 말이다. 면을 대량으로 생산하기 위해 대형
농장이 생기고 이 과정에서 생태계는 왜곡되고 과다생산으로 고통받는
다. 수요가 공급을 초월하면 가격이 하락한다. 너무 많이 만들어지고 쉽
게 사고 버려진다. 이 문제를 막기 위해 판가이아는 야생화를 택했다. 야
생화를 수확하기 위해서는 들판에서 피어나는 꽃들을 사람들이 일일이
따야 한다. 그래서 '너무 비싸다'라는 문제를 어떻게 해결할지 아직 답이
없으나 원칙은 확실하다. '단 하나의 해결책으로 접근하지 않겠다'고 말
이다. 이들은 환경문제의 본질을 알고 있다. '효율성'을 위해 하나의 지배
적 생산 방식을 구축하는 과오는 반복되지 않을 듯하다.

판가이아는 목적 중심으로 설계하고 실제적으로 지속가능성을 실현해
야 한다고 말한다. 뻔하고 익숙한 영역의 지속가능성에서 벗어나 과감하
게 히말라야의 쐐기풀과 야생화, 블루베리와 말차로 옷을 만들고, 그 옷

으로 판을 키우는 상상력, 실행력을 만들자고 한다. 그 덕분에 판가이아의 제품은 저렴하지 않다. 그들의 스웨터와 파카는 캐주얼하지만 캐주얼 의류를 입는 보통 젊은이들이 접근하기란 쉽지 않다. 어떻게 보면 지속 가능성을 가치로 둔 사치재이다. 앞으로 우리에게 필요한 것은 더 많은 사람들이 체감할 변화이다. 소재 변화는 결코 작은 변화가 아니다. 소재를 다양하게 하는 것만으로도 비즈니스가 시작되며, 확실한 기능을 장착한 소재의 변화는 인식 변화의 트리거가 된다. 직접 개발하기 어렵다면 이미 대기업들과 협업하고 있는 스타트업 기술 기업들을 찾아봐도 좋다. 지구를 위해 새롭게 판을 짤 때이다.

Part 4

시작 起

먼 이야기를 현실로 가져오는
브랜딩의 시작, 공진화

피보팅, 제품이 아니라
의식으로 전환하라

'고양이가 늘면, 꽃이 늘어난다.' 이 흥미로운 관찰은 찰스 다윈의 생태계 연구에서 비롯되었다. 다윈은 고양이, 쥐, 땅벌 그리고 꽃 사이의 복잡한 상호작용을 통해, 우리가 쉽게 연결점을 찾지 못하는 생물들 사이에도 깊은 연관이 있음을 발견했다. 고양이가 늘면 땅속 벌집을 습격하던 쥐의 개체 수가 줄고 이는 곧 땅벌의 개체 수 증가로 이어져 더 많은 꽃이 수정할 수 있게 된다. 고로 고양이가 늘어나면 꽃이 늘어난다는 것이다. 찰스 다윈은 《종의 기원》에서 이처럼 복잡한 생태계의 상호작용을 보여주며, 생명들이 서로 긴밀하게 연결된 존재임을 알려주었다. 이러한 상호작용은 공진화Coevolution 개념으로 발전되었다.

　기후위기를 해결하는 브랜드의 실험을 이야기하면서 공진화 개념을 떠올린 것은 공진화가 품고 있는 두 가지 기본 개념 때문이다. 첫 번째는 상호의존적 진화라는 점, 두 번째는 서로에게 이익을 주는 상호 이익

Mutualism이라는 점이다. 기후위기를 해결하는 브랜드는 나와 다른 주체와의 연결을 도모하는 것이 중요한데, 상호의존적 관계를 찾아내고 이익까지 도모할 수 있는 관계를 창출할 수 있다면 이보다 더 좋을 수 없을 것이다.

생태계의 복잡성을 이해하는 관점은 자연에만 국한되지 않는다. 기업 역시 이러한 연결과 조화를 고민하며 지속가능한 미래를 설계한다. 가구 브랜드로 잘 알려진 이케아IEKA도 생태계의 일원으로서 인간과 환경에 미치는 영향을 고민하며, '더 좋은 생활'을 위한 생태계를 구축하고 있다. 고양이가 꽃을 늘리는 것처럼 말이다.

사람들은 이케아 하면 무엇을 가장 먼저 떠올릴까? '합리적인 가격의 DIY가구'나 '북유럽풍 가구'일 것이다. 그만큼 사람들 인식 속에 이케아는 여전히 가구 브랜드이지만, 한편으론 조금 다른 행보를 이어가고 있다.

국내에 팝업스토어가 막 유행하기 시작할 즈음, 이케아는 세계 최초로 성수동에 친환경 팝업 스토어 이케아 랩IKEA LAB을 오픈했다. 이케아 랩에서는 지속가능성을 테마로 기획된 이케아 제품을 구경하고 인테리어 디자인 서비스와 워크숍을 체험할 수 있었다. 이에 이어 또 한 번 한국에서 최초로 파르마레Farmare라는, 농약과 제초제를 사용하지 않고 재배하는 도심형 농장을 선보였다. 가구회사가 왜 '물을 최대 90%까지 절약하여 재배한 채소'를 생산한단 말인가? 국내 이케아 매장은 태양광 패널을 설치해 전력을 자체 생산하며, 지열을 활용해 냉난방 시스템을 가동하기도 했다. 2021년에는 '에너지를 판매하겠다'고 발표하는가 하면, 2024년에

이케아가 선보인 도심형 농장 파르마레는 물을 최대 90%까지 절약해 채소를 재배한다.

는 매장 내 전기차 인프라를 설치하고 한국 해상 풍력 투자 계획을 밝히기도 했다. 이케아가 정의하는 라이프스타일인 '더 좋은 생활'은 어떻게 에너지로까지 확장될 수 있었을까?

이케아가 에너지를 판다고?

2021년 8월, 유럽 내 이케아는 태양광과 풍력 발전소에서 생산된 재생 전기에너지를 고객들에게 판매하기 시작했다. 9월부터는 스웨덴에서 이케아의 전기 구독서비스가 공식적으로 시작됐다. 태양광 및 풍력 발전 단지에서 재생된 전기를 파트너[1]로부터 구입해 가정에 재판매한다. 각 가정은 매월 39크로나(한화 약 5,090원)를 구독 요금으로 내고, 추가로 사용한 전기는 변동 금리를 고려해 요금을 지불한다. 한편 이케아는 일부

국가에서 홈솔라Home Solar 서비스도 제공한다. 가정용 태양광 패널 솔스트롤레SOLSTRÅLE를 설치한 가정은 스스로 친환경 전기를 생산할 수 있고, 앱을 통해서 스스로 생산한 전기량을 볼 수 있다. 남은 전기는 이케아에 팔 수도 있다. 이 모든 과정을 지칭하는 프로젝트의 이름은 '스트롬마Stromma', 스웨덴어로 '흐르다'라는 뜻이다.

이렇게 보면 이케아는 더 이상, 공간의 분위기를 바꾸는 인테리어 및

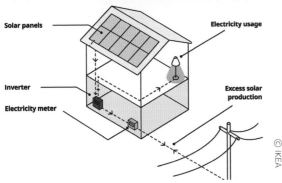

이케아는 가정용 태양광 패널 솔스트롤레와 스트롬마라는 프로젝트를 통해 개인도 재생에너지를 생산하고 사고파는 등 순환 과정에 동참하는 라이프스타일을 제공하고 있다.

이케아는 2030년까지 재생 가능 에너지와
자원을 기반으로 완전히 순환적이고
기후에 긍정적인 기업이 되고 싶다.
우리는 에너지의 미래가
재생 가능하다고 믿으며, 모든 사람이
지속가능한 에너지원에서 생산된 전기를
더 쉽게 이용할 수 있도록 저렴하게 만들고 싶다.

잰 가드버그
이케아 모그룹 잉카의 신유통사업 매니저

가구 브랜드가 아니다. 좋은 생활을 더 많은 사람들에게 전하기 위해 재생에너지를 공급하고 쉽게 친환경적인 실천을 할 수 있도록 도심 농장을 만드는 브랜드이다. 자신들의 철학과 비전을 제시할 무대를 '가구'와 '공간'에 한정 짓지 않고 넓힌 것이다. 이케아의 이런 방향성은 '의식 있는 소비자'들의 관심사가 되고 있다. 이케아의 이런 방향성은 에너지 기업, 소비지기 상호 영향을 주고받으며 공진화하는 모습이기도 하다. 단순 수요자로 머물던 가정은 에너지 시장의 '프로슈머'로 변화하고 이케아는 재생에너지 분야로 비즈니스를 확장함과 동시에, 친환경 전기 플랫폼을 구축하게 되었다. 태양광 패널 공급 기업인 스베아 솔라Svea Solar는 유럽 전역으로 시장을 확대할 수 있었고, 전력 거래소 노드 풀Nord Pool은 전력 거래량을 높이고 새로운 글로벌 시장에 진출하는 등 참여한 각 기업의 성장과 변화를 일으켰다. 소비자, 기업, 그리고 에너지 생산자가 서로의 변화를 촉진하는 순환 구조 속에서 새로운 시장과 기술이 함께 진화하게 된 것이다.

'이케아를 해킹하세요'

이케아는 조립하는 가구이다. 고객은 플랫팩Flat Pack으로 가구를 배송받는다. 완성되지 않은 가구를 직접 조립하는 재미도 있어, 마니아 층이 탄탄하다. 플랫팩은 가구를 납작한 형태로 출시하므로 보관에 필요한 공간 효율성과 배송비도 절약된다. 이를 통해 소재가 좋고 디자인이 훌륭한 가구를 더 저렴한 가격에 고객에게 전할 수 있다. 플랫팩의 두 번째 장점은 브랜드 해킹Brand Hacking이다. 브랜드 해킹은 사용 설명서나 원래

가구의 의도가 아닌 자신에게 맞는 형태로 변형하여 사용하는 것을 의미한다.

표준화된 부품 규격이 이케아 제품을 자유롭게 해킹하는 데 일조한다. 이케아해커스ikeahackers.net 사이트와 인스타그램을 통해 이케아 가구를 해킹하는 방법, 새로운 아이디어를 얻을 수 있다. 이케아해커스가 2006년 말레이시아 출신 카피라이터 메이메이 얍이 개설한 이래 커뮤니티로 자리 잡는 과정은 이케아 고객들의 브랜드 해킹 욕구와 즐거움이 얼마나 큰지 엿볼 수 있다. 가구 스타트업 기업들은 이케아의 표준화된 사이즈에 맞는 부품과 액세서리를 제안하여 제품을 다채롭게 즐기도록 한다.

이케아 또한 브랜드 해킹을 적극 권장한다. 이케아 해킹에 적합한 소품 브랜드를 소개하기도 하면서 고객들에게 직접 가구의 의도를 발견하며, 다시 창조하도록 한다.[2] 앞서 언급한 이케아 랩에서도 지속가능한 소재로 집을 가꾸기 위한 방법과 아이디어가 소개됐다. 쉐데르함 소파는 커버만 바꾸면 새것처럼 사용할 수 있고, 모듈형이라 필요에 따라 구성을 바꾸며 더 오래 쓸 수 있다. 수납가구 카테고리에서는 오일이나 왁스로 더 오래 사용할 수 있는 팁과 관련 제품을 소개했다. 팝업스토어 곳곳에서 반복된 '재창조', '재구성', '재조립'과 같은 단어들은 이케아의 모든 프로모션, 홍보, 이벤트, 서비스에서도 반복되며 지속가능한 생활에 대해 일관된 메시지와 경험을 전달하고 있다. 2020년에는 '모두가 환경 운동가 챌린지' 이벤트로 에너지 절약하기, 채식하기, 빨래 자연건조 같은 실천 내용을 기록할 수 있는 앱 '이케아 베터 리빙'도 선보였다. 스위스에서는 가구렌탈을 시범 운영하며 내일을 위해 다시 쓰고, 나눠쓰고, 돌려

쓰는 방법을 제안한다.

하이엔드 스트릿 패션 브랜드 오프화이트Off-White의 창립자 버질 아블로Virgil Abloh는 이케아의 '데모크래틱 디자인Democratic Design' 철학을 협업의 근본적 이유로 꼽았다. 데모크래틱 디자인이란 '얇은 지갑으로도 큰 꿈을 꿀 수 있게 하는 것'이다. 더 많은 사람들이 동일하게 높은 효용을 즐길 수 있는 스웨덴적인 단순함이 구현된 형태, 제품의 본래 역할에 충실한 기능, 수만 번의 테스트를 통과하는 품질력, 더 많은 사람들이 접근할 수 있는 낮은 가격, 환경 친화와 지속가능성이 기본 요소이다. 이케아는 데모크래틱 디자인을 통해 고객들이 스스로 가구를 조립하며 느끼는 성취감을 극대화하며, 고객들은 이케아 해킹을 통해 세상에서 하나뿐인 가구로 완성시킨다. 브랜드 애착은 강화된다.

의식 있는 생활이 일상화되는 곳에 이케아가 있다

햇빛을 많이 볼 수 없는 북유럽에서 햇빛은 귀하다. 특히 스웨덴의 경우 여름 날씨를 예측하기 힘들고 종종 추울 때도 있다. 그래서 화창한 날에는 평화롭게 밖에 앉아 햇빛을 누리는 사람들을 쉽게 볼 수 있다.

이케아는 그들을 면밀히 관찰했다. 스톡홀름 광장에 위치한 카페와 식당들의 야외 좌석은 해가 뜨면 사람들이 붐빈다. 상대적으로 그늘에 위치한 카페나 식당들의 야외 테이블들은 텅 빈 모습을 보고선 '태양이 온다Here comes the sun'라는 야외 캠페인을 기획했다.

번화한 스톡홀름 광장에 GPS 모터로 제어할 수 있는 특수 거울을 설치하고 거울을 통해 자연 태양광을 그늘에 있는 식당 좌석 공간에 반사

이케아 상표가 달린 거울이 스톡홀름 광장에 놓였다. 확실한 광고 효과를 얻는 것을 넘어서 광장에 있는 모두가 햇빛을 누릴 수 있는 브랜드 경험을 선사했다. 기후와 관련해 브랜드가 할 수 있는 것이 꼭 새로운 생산만이 아님을 알 수 있다.

시켰다. GPS 덕분에 태양의 위치에 따라 거울의 각도가 실시간으로 자동 조정되어 길에 나온 모든 사람들이 따뜻한 햇빛을 누리고 즐길 수 있도록 해준다. 햇빛의 사각지대에 놓인 광장의 카페, 식당 주인의 얼굴에도 해가 떴다.

이 캠페인은 이케아의 지속가능성을 이야기하기 위한 아이디어였지만 그저 '소재를 친환경적으로 만들고 공정할 때 탄소가 적게 나온다'는 단편적인 접근을 뛰어넘는다. 기후를 이야기하고 있고 결국은 이케아가 에너지를 판매한다는 이야기까지 전개할 수도 있겠지만, 햇빛의 사각지대에 놓인 테이블에 앉아있는 사람들의 마음을 헤아리고 야외공간 문제를 해결하는 데 집중했다. 캠페인은 시작은 사람에 있었기 때문이다.

'많은 사람들을 위한 더 좋은 생활을 만드는 것'이 이케아의 비전이다.

그들은 기업의 목적을 '가구, 공간'에 한정하지 않으며 중고가구, 이케아 해킹, 에너지 절약과 쓰레기 배출을 줄이기 위한 각종 생활·주방용품, 가정용 친환경 에너지 솔루션, 매장에서 만나는 비건 식품까지 여러 영역을 공평하게 확장한다. 그렇게 완성된 이케아의 제품은 '의식 있는 생활'을 원하는 소비자들과 일치한다. 생활에 필수적인 제품을 저렴하게 만나는 실용적 이유 외에도 이게이를 선택하는 이유는 여기에 있을 것이다. 별도의 깊은 이해나 공부 없이도, 다른 사람의 행복까지도 고려하는 의식 있는 소비를 일상 속에서 쉽게 할 수 있다는 것, 브랜드가 사랑받기에 충분한 조건이다.

브랜드 확장,
지역사회를 포섭하라

기후위기로 인한 대전환의 시대를 사는 우리는 무엇을 포기하고 무엇은 절대 포기하지 못할까? 브랜드마다 그 입장이 다를 것이고 당연히 솔루션도 제각각일 것이다. 분명한 것은 그 변화가 잘하는 몇몇 기업의 사례에 그쳐서는 안 된다는 사실이다. 그간 피보팅 등 브랜딩 이론과 전략으로 브랜드 확장을 꾀해온 것처럼 환경을 위한 브랜드의 확장 또한 반드시 고민해야 하는 숙제다.

시대의 요구에 따라 해야 하는 차원을 넘어서 지역사회의 문제를 해결해주는 수준이라면 이야기가 달라진다. '도심에 녹색 지대를 늘려야 합니다. 그래야 이산화탄소가 줄어듭니다'처럼 거대하고, 무엇부터 해야 할지 알 수 없는 추상적인 '지구' 이야기가 아니다. 상대하는 대상이 환경을 생각하는 소비자를 넘어 그 범위가 확대된다고 해서 브랜드가 무거워질 필요는 없다. 오히려 더욱 가벼워야 한다. 그리고 구체적이어야 한다.

도심에서 길 잃은 꿀벌에게 쉼터를 주자

전 세계 식물의 거의 모든 열매는 꿀벌의 부지런한 날갯짓 덕분에 맺힌다. 야생식물의 90%와 식용작물의 75%가 꿀벌의 수분 작업에 의존하고 있기 때문이다. 꿀벌은 자연의 요리사처럼 우리의 식량을 차려주는 중요한 존재지만, 그 개체 수가 감소하고 있다. 우리나라에서는 2022년 약 100억 마리의 꿀벌이 실종되었다. 그 원인은 복합적이지만, 기후위기가 가장 유력하게 꼽혔다. 따뜻한 겨울로 인해 기생충이 창궐하고, 외래 천적이 난입했으며, 폭염과 집중호우로 꿀 생산이 급감했다.

네덜란드는 꿀벌의 실종을 위기로 받아들인 국가 중 하나다. 국토 면적은 우리나라의 20%, 인구도 30% 정도인 소국이지만 세계 최대의 꽃 생산국이자 감자, 옥수수, 보리, 사탕무, 양파 등을 수출하는 국가이기도 하다. 전 세계 꽃 구근의 80%가 네덜란드산이다. 네덜란드 국토는 1940년대부터 산업화가 본격적으로 시작되었다. 잡초가 무성하던 벌들의 서식지는 꽃을 가꾸는 농지로 변해 꾸준히 감소되었고, 이산화탄소 배출은 꾸준히 증가했다.

네덜란드는 EU 정책에 따라 이산화탄소 배출을 줄이는 것에서 더 나아가 좀 더 적극적인 정책으로 불행의 사이클을 극복하기로 했다. 이름하야 '네덜란드 꽃가루 매개자 전략NL Pollinator Strategy - 벌에게 침대와 아침을Bed & Breakfast for Bees'이다. 2018년부터 본격적으로 시작된 이 정책은 네덜란드 토종 야생벌 개체 수 감소 문제를 해결하기 위한 70가지의 구체적인 방법을 담고 있다. 우선 농업이 산업화되면서 사라지기 시작한 야생벌들의 쉼터, 즉 공터나 공공잔디에 꽃이 피는 토종 꽃을 심고 가꾸기 시작했다. 꽃이 바람에 춤을 추는 풍경을 지키며, 농약은 치지 않았다. 그 옆에는 벌 호텔을 세웠다. 별것도 아니다. 속이 빈 갈대나 대나무 같은 식물로 채운 박스를 길가에 가판대처럼 세워둔다. 초봄의 분봉 시기나 늦가을, 혹은 급격하게 온도가 낮아지거나 높아져 길을 잃고 헤매는 벌들을 위해 속이 빈 식물을 설치해서 벌들이 둥지를 틀고 살거나 쉬었다 갈 수 있는 중간지대를 마련한 것이다.

네덜란드 교외 소도시 위트레흐트Utrecht 시의회는 광고 대행사인 클리어 채널과 협력해 버스 정류장 316개를 꿀벌 정류장으로 전환하는 사업을 최초로 시작했다. 버스 정류장 지붕에 토종 식물을 심어, 비가 오면 빗물을 저장하거나 온도를 낮추려 했다. 지붕에 식물을 심는 것만으로도 어느 정도 미세먼지가 감소하고, 결정적으로 꿀벌과 나비 같은 곤충들이 쉬어 갈 수 있었다. 네덜란드의 또 다른 시는 도시의 고속도로, 철도, 수

© 위트레흐트 시 홈페이지

버스 정류장 지붕에 식물을 심으면서 사람과 꿀벌이 공존하는 꿀벌 정류장으로 거듭났다.

로변 등 이용 가능한 공간에 야생화를 심어 꿀벌의 보금자리를 확대시키는 꿀 고속도로Honey Highway 사업을 추진했다. 20년 수명이 다 된 정류장을 새 정류장으로 교체를 하면서 태양전지판으로 작동하는 LED 조명과 대나무 좌석 같은 새로운 문명이 이식되면서 사람들도 꿀벌 정거장의 혜택을 봤다. 이후 꿀벌 정류장은 덴마크와 스웨덴, 영국으로 확장되었으며, 앞으로 프랑스와 벨기에도 설치할 예정이다.

좀 더 전문성이 돋보이는 사례도 있다. 홋카이도의 사루후츠 마을은 일본에서 가장 많은 가리비 어획량을 자랑했는데 2021년 가리비 수출업자들이 갑자기 철수하며 약 4만여 톤의 폐껍데기를 떠안게 되었다. 코우시 화학공업甲子化学工業은 가리비 껍데기를 업사이클링 해 안전모로 개발하는 기술을 개발했다. 실제 가리비의 형태를 모방해 만들어진 쉘멧Shell-met은 일반 안전모보다 133% 더 강하며, 탄소배출량도 36%나 줄었다. 첫 해에 24톤 이상의 가리비 껍데기를 재활용하여 지역공동체에 큰 기여를 하고, 출시 이후 예상 매출의 1,397%를 달성해 1969년부터 플라스틱 제조를 해왔던 코우시화학의 핵심 사업 영역으로 자리 잡았다. 100% 재활용 가능한 소재, 아름다운 디자인과 스토리가 부각되어 23, 24년 칸 국제 광고제 및 다수의 디자인 어워드를 휩쓸며 전 세계에 알려졌다. 기능적으로도 환경적으로도 심미적으로도, 바람직한 결과물을 만들어낸 코우시의 실험은 브랜드가 지역공동체의 문제를 해결하면서도 브랜드로서의 격을 높이는 방향을 보여준 사례다.

쉘멧과 꿀벌 정류장은 아이디어가 돋보이는 사례지만 여느 브랜드가 그러하듯 부족한 부분도 있다. 실제로 네덜란드가 꿀벌 정책을 꾸준히

ホワイト・ベージュ・ブラック・
ブルー・ピンクの5色から選べます。

가리비 껍데기를 재활용한 헬멧인 쉘멧은 브랜드가 지역사회의 문제를 해결하고 스스로의 격도 높이는 방법을 보여준 사례다.

실행하는 이유는 앞으로 수십만 채의 새 주택을 건설하려는 또 다른 목표가 있기 때문이다. 꿀벌 정류장은 점점 줄어드는 자연의 영역을 보존하면서 도시를 확장하기 위한 현실적인 방법일 뿐이다. 방법도 완벽하지 않은데 명분마저 그렇다고 실망하기엔 이르다. 우린 고작 나무 한 그루를 심었을 뿐이다.

이렇게 비유해보자. 나무 한 그루가 있다. 하나의 나무를 잘 키우고 많은 열매를 맺게 하는 것은 중요하다. 하지만 나무 한 그루를 크게 키우는 것에서 그치면 안 된다. 나무가 뿌리내릴 대지와의 관계, 나무를 이루고 있는 작은 가지와의 관계, 옆에서 시들시들 힘겹게 자라는 다른 나무와의 관계, 에너지를 주는 햇빛과 바람과의 관계 등을 생각해야 한다. 브랜드도 마찬가지이고, 이는 궁극적으로 기업 문화가 개입되는 문제다.

생태적 관점의 기업 문화를 갖는다는 것_초바니

전직원이 주주인 그릭요거트 기업이 있다. 2016년 2,000여 명의 직원 모두에게 주식을 분배하겠다는 초바니Chobani의 결정에 식품 제조업계가 떠들썩했다. 실리콘밸리와 IT라면 모를까, 식품업계에서 공장 노동자에게까지 주식을 배당하는 일은 흔치 않기 때문이다. 함디 울루카야Hamdi Ulukaya 초바니 CEO는 '노동자들이 각자의 재능을 발휘하고 직접 땀 흘린 대가로 마땅히 가져야 했던 것을 가지게 된 것뿐'이라고 설명했다.

그간 초바니의 행적을 보면 이해가 되는 의사결정이다. 초바니는 2005년 튀르키예 출신 이민자 함디 울루카야가 폐공장을 인수하며 탄생했다. 당시 미국에 흔하지 않던 그릭요거트를 개발했고, 독특한 질감과 건강한 성분을 무기로 창업 5년 만에 매출 10억 달러를 달성했다. 울루카야는 공장을 키우는 과정에서 난민을 적극적으로 고용했다. 운전면허증과 자동차가 없어 통근이 어려우면 출퇴근 버스를 마련했고, 영어로 소통하는 게 어려우면 통역가를 고용했다. 직업 훈련이 부족한 이들은 공장에서 가르쳤고, 2020년에는 15달러로, 2022년에는 18.5달러로 최저 시급을 인상했다. 성별이나 역할에 관계없이 모든 직원들에게 6주간 100% 유급 육아휴가를 제공하는 방침도 마련했다. 2022년에는 향후 3년간 200명의 난민을 더 고용하기로 약속했다. 일하는 사람을 먼저 존중해야 한다는 철학 아래 초바니는 2023년 약 25억 달러의 매출을 갱신했다. 초바니는 요플레와 다논을 제치고 미국 1위 요거트 브랜드 자리에 오르며 아메리칸 드림의 상징이 되었다.

CEO가 이민자 출신이라는 것만으로는 초바니의 노동자 친화적 행보를 설명하기 부족하다. 이야기는 울루카야가 폐공장 매매 광고지를 받아든 2005년으로 거슬러 올라간다. 85년이나 된 요거트 공장이 폐업한다는 소식을 들은 그는 책임자와 함께 공장을 견학했다. 각 기계들마다 이야기가 있었고, 노동자들의 추억이 담겨 있었다.

그가 둘러본 곳은 단순한 폐공장이 아니었다. 이익을 위해, 돈을 위해, 주주를 위해 공장과 공동체, 직장이 희생 당하는 현장이었다. 헐값에 폐공장을 사들인 함디 울루카야는 직장을 잃게 된 50여 명의 직원들을 그대로 다시 고용했다. 직원들의 경험을 들으며 삶의 기반이 되는 공장에 책임감을 느꼈던 이때의 경험은 이후 초바니가 노동자를 존중하는 회사가 되는 데 핵심이 되었다.

이후 초바니는 사람을 희생시키지 않는 브랜드로서의 행보를 이어간다. 최근에는 우크라이나 피해 지원을 돕는 비영리단체 라좀Razom과 손을 잡았다. 우크라이나 국기 색상을 띤 블루베리, 파인애플 맛 제품의 수익을 모두 기부했다. 연례로 진행하는 커뮤니티 임팩트 기금 지원Chobani Impact Fund Grant은 2024년 6회를 맞이하며, 2018년부터 50개 이상 조직에 170만 달러의 보조금을 지원해 지역사회에 기여했다. 수많은 기업들이 지속가능성과 자본주의가 공존할 수 없다 생각하며, 기존과 반대의 길로 걷기를 두려워 할 동안 초바니는 한 발 더 걸어온 셈이다.

브랜드의 아이덴티티는 고정된 것이 아니다. 자신의 정체성을 바탕으로 시너지를 낼 수 있는 브랜드와 손을 잡으면서 조금씩 새로운 아이덴티티로 자리잡기도 한다. 따라서 자기 브랜드 개성이나 메시지가 또렷한 경우 협업이 더 유리해진다. 초바니가 쌓아온 프리미엄 유기농 이미

초바니는 2005년 튀르키예 출신 이민자 함디 울루카야가 폐공장을 인수하며 탄생했다. 당시 미국에 흔하지 않던 그릭요거트를 개발했고, 공장을 키우는 과정에서 난민을 적극적으로 고용했다. 초바니는 요플레와 다논을 제치고 미국 1위 요거트 브랜드 자리에 오르며 아메리칸 드림의 상징으로 인식되고 있다.

지, 직원 존중에 대한 사회적 이미지, 인간 중심의 이미지 등은 협업하기 좋은 대상으로 꼽힌다. 실제로 코카콜라, 닉스 아이스크림, 크리스피 크림, 디즈니 등의 글로벌 브랜드들과 협업하며 좋은 영향력을 주고받을 뿐 아니라 건강하고 지속가능한 이미지를 확산하고 있다. 지속가능성이라는 테마는 모든 브랜드가 소유하고자 하는 것이라 이 방향의 정체성을 보유하고 있다면 시장이나 고객을 확장하기에 훨씬 더 좋은 입장에 서게 된다.

코로나19 팬데믹 시기에 전 세계의 우버 차내에 마스크 및 손소독제를 비치하면서 그 파트너로 유니레버를 선택했다는 기사를 보고 이런 경향을 더욱 실감했다. 업계 1위 브랜드인 P&G가 아니라 목적 중심 기업의 대명사격인 유니레버가 선택된 것은 어쩌면 당연한 일일지도 모른다. 코로나19 팬데믹은 모두가 안전과 위생에 민감하던 시기인 동시에 가까운 사람을 한순간에 잃기도 하는 가슴 아픈 사건이기도 했다. 제품력에 까다로운 잣대를 들이대는 것은 당연하고, 하나의 잣대를 더 추가한다면 목적 중심, 지속가능성에 대한 것 아닐까. 확고하게 친환경이거나 목적 중심의 실천을 꾸준히 해온 브랜드들은 쌓아온 이미지를 중심으로 더 많은 관계와 영역으로 손을 잡을 플랜을 구체화해야 한다.

내 나무 하나를 크고 탐스럽게 키워내는 것에서 그치지 않고 다른 마을의 나무와 숲을 생각하는 관계적 혹은 생태적 관점을 갖는 것이 중요하다. 나와 비슷한 생각을 품은 브랜드들과 손을 잡고 더 큰 숲을 키워가는 브랜드가 하나둘 늘어갈 때 우리가 책상머리에서만 했던 걱정과 고민은 하나둘 사라질 것이다.

커뮤니케이션, 어려운 기술도
계속 이야기하라

공연 역사상 처음으로 수익 10억 달러를 넘긴 테일러 스위프트. 대륙을 넘나드는 디 에라스 투어The Eras Tour의 화려한 일정이 눈길을 끌었다. 그 과정에서 테일러 스위프트는 도쿄에서 세 번의 공연을 마치고 미국 라스베이거스에서 슈퍼볼을 관람한 뒤, 바로 다음 날 호주로 향했다. 그는 이 모든 일정을 소화하며 이렇게 말했다. "시차는 선택이야.Jet lag is a choice."

　테일러 스위프트보다 더 주목을 이끈 건 한 대학생이 쓴 트윗(현 X)이다. '전용기를 타고 퀸 사이즈 침대에서 자는 사람들이나 시차를 겪을 필요가 없겠지. 그러는 동안 그 사람들은 일반인이 1년에 배출하는 양보다 더 많은 탄소를 배출해.'[3] 이 트윗은 많은 이의 공감을 사며, 테일러 스위프트 같은 유명인의 전용기 사용과 더불어 대중의 탄소중립에 대한 인식을 촉발한 중요한 계기가 됐다. 2024년 《워싱턴포스트》의 조사에 따르면 전용기는 상업용 비행기보다 9배, 기차보다는 50배 많은 이산화탄소를

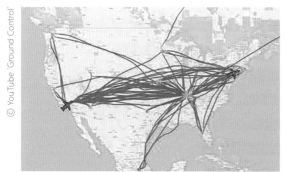

테일러 스위프트는 두 대의 전용기로 대륙을 넘나들며 공연했다. 왼쪽 이미지처럼 그 일정이 남긴 탄소발자국에 대한 이야기가 온라인에서 화제가 되었다.

배출한다.[4] 테일러 스위프트가 한 해 전용기를 띄워 배출한 탄소의 양은 한국인 1만 9,000명이 1년간 배출한 양과 같다.[5]

비행기는 시간당 온실가스를 가장 많이 배출하는 운송 수단으로 알려져 있다. 전 세계 온실가스 배출량의 약 2.5%가 비행기에서 나온다. 더군다나 높은 고도에서 만들어지는 온실가스는 비행구름의 원인이 돼 지구온난화 현상을 더 악화시킨다. 유럽환경청의 발표에 따르면 승객 한 명이 1㎞를 이동하는 동안 비행기가 배출하는 이산화탄소 배출량은 285g으로 버스(68g)의 4배, 기차(14g)의 20배에 이른다.

비행기를 이용하면서 발생하는 탄소배출의 심각성에 공감하며 유럽에서부터 플라이트 셰임Flight Shame 운동이 시작되었다. 이는 2018년 'We Stay on the Ground' 운동의 계기가 되었고, 2019년 영어권 사용자들 사이에서 영어로 언급되며 주류가 되기 시작했다. 이러한 움직임은 환경을 생각하는 대중만의 이슈는 아니다. 지난 2021년 프랑스 하원은 기차로

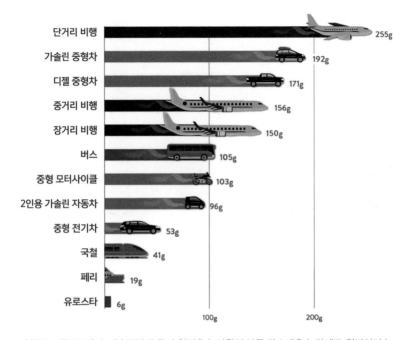

단거리 비행	255g
가솔린 중형차	192g
디젤 중형차	171g
중거리 비행	156g
장거리 비행	150g
버스	105g
중형 모터사이클	103g
2인용 가솔린 자동차	96g
중형 전기차	53g
국철	41g
페리	19g
유로스타	6g

테일러 스위프트의 슈퍼볼 관람과 투어 일정은 놀라웠던 만큼 탄소배출 논란에도 휩싸이며 눈길을 끌었다. 《워싱턴포스트》를 비롯한 해외 언론은 교통 수단에 따른 이산화탄소 배출량을 점검하며, 과거보다 더 엄격해진 소비자들의 목소리를 대변했다.

© UK Department for Business, Energy & Industrial Strategy, Our World in Data

2시간 30분 안에 갈 수 있는 거리는 항공기 운항을 금지하는 '기후와 복원 법안'을 통과시켰다. 실제 오스트리아는 빈과 잘츠브루크 사이를 오가는 열차를 증편하고 같은 구간을 오가는 오스트리안 에어라인의 운항 노선을 폐지했다. 스웨덴의 유명한 기후변화 활동가 그레타 툰베리는 유럽에서 일정을 소화하면서 비행기 대신 기차를 이용했다. 비행기 대신 기차를 타며 자랑스러워하는 마음을 '탁쉬크리트Tagskryt', 기차 자부심이

라고 한다.[6]

툰베리는 뉴욕에서 열리는 유엔 기후정상회의에 참석하기 위해 대서양을 건너면서는 태양광으로 운행되는 요트로 2주간의 항해를 택했다.[7] 모두가 그레타 툰베리처럼 '운동'을 할 필요는 없지만 그 선택을 '지지'할 수는 있다. 최소한으로 여행하고 근거리 여행 시에는 친환경적인 운송 수단을 생각해보는 것이다. 불가피하게 비행기를 타더라도 지구에 덜 미안한 비행을 상상하고, 이를 가능하게 하는 기술 발전을 지지할 수 있다. 소비자들의 지지는 정부의 지속가능한 항공유SAF, Sustainable Aviation Fuel 개발과 사용 지원을 더 늘릴 수 있고, 수요가 늘면 언젠간 SAF가 항공유의 표준이 되는 날도 올 것이다. 아래에 소개된 브랜드는 우리가 지지해야 할 브랜드이자 SAF 브랜드로서 소비자에게 낯선 개념을 어디까지, 얼마나, 어떻게 이야기해야 할지 새로운 기준을 생각하게 한다.

'우리는 모두 승객입니다', 지구라는 행성의_네스테

핀란드의 정통 석유화학 기업, 네스테Neste는 일찍이 바이오디젤 사업에 뛰어들며 이 분야를 이끌고 있다. 2030년에는 핀란드 남부의 원유 정제 공장 가동을 중단하고 세계 최고의 재생 가능 및 순환 솔루션 부지로 전환하겠다고 선언하기도 했다. 이는 2005년부터 시작한 바이오디젤로의 사업 전환에 성공한 덕이기도 하다.

네스테의 바이오 기술의 이름은 넥스비티엘NexBTL, Neste My Renewable Diesel이다. 이들은 생활 폐기물과 팜유로 바이오디젤을 생산하는데 그 양은 연간 330만 톤이다. 동물성 기름을 에스테르화 하는 기술을 사용한 바이오디젤은 기존 디젤유에 비해 대기오염 물질이 40~60% 적게 배출된다. 22년에는 항공기 제조업체 ATR, 스웨덴 항공사 브라스턴 항공과 함께 SAF 동력 시험 비행에 성공하며, 그 안정성과 성능을 입증했다. 이는 항공업계 최초로, 두 개의 엔진 모두에 지속가능 연료를 사용한 사례였다.

네스테는 2024년 3월 '우리는 모두 승객입니다We are all passengers'라는

©Neste

"우리는 모두 승객입니다"라는 메시지를
통해 우리는 모두 선택을 할 수 있으며,
선택이 세상에 영향을 미친다는 점을
전달하고 싶습니다. 연료가
환경에 미치는 영향에 대한 사람들의
인식은 매우 낮습니다. 이제 우리는 감정을
불러일으키고 이 지구상에 함께 있다는
공유 가치에 집중하고 싶습니다.

_크리스티나 오스트롬, 네스테 마케팅 및 CX 디렉터

캠페인을 시작했다. 지속가능 연료의 실효성을 증명하는 전통 정유사 같던 커뮤니케이션에서 벗어나 최종 고객을 향한 메시지를 전했다. 지속가능한 연료를 사용해야 할 이유를 네스테는 '우리 모두가 결국 지구의 승객'이기 때문이라고 감성적으로 설득한다. 우리가 SAF를 사용하는 것은 지속가능한 모빌리티를 달성하는 길이며, 이는 내일을 향한 여정이자 동시에 우리 아이들의 건강한 지구를 창조하는 일이라는 메시지를 전한다.

그들의 메시지가 강력한 이유는 그들이 업의 중심을 석유화학에서 바

'공기에서 얻은 장거리 연료, 이젯'이라는 설명은
항공산업이 이끄는 변화를 소비자에게 친근하게 알려준다.
ⓒ Twelve

이오연료로 전환하며 세상을 바꾸기 시작했다는 진정성 때문이며, 그들의 바이오연료가 네스테의 미션인 '아이들을 위해 더 건강한 지구를 만드는' 해결책이기 때문이다. 네스테는 우리 모두가 지속가능한 항공유를 선택해야 한다는 당위성을 이렇게 말한다.

공기로 만드는 세상_트웰브

완전히 다른 접근으로 주목받는 기업도 있다. 미국의 기후테크 스타트업 트웰브Twelve이다. 자사를 탄소변환 기업으로 규정하는 이들은 2024년 국제항공그룹IAG과 최대 규모의 지속가능 항공연료 구매 계약을 체결했다. 이들은 탄소변환 기술로 화제를 모았는데, 이 기술로 만든 이젯E-Jet 항공연료를 2024년 중반부터 생산하여 연간 4만 갤런(약 15만 리터) 생산하여 공급할 계획이다.

트웰브가 가진 탄소변환 기술의 핵심은 발전소에서 포집한 이산화탄소를 전기분해해 화학물질로 바꾸는 것이다. 이들은 자체 개발한 고분자전해질막PEM 전해조인 오트웰브O12 장치를 통해 기존보다 낮은 온도와 적은 에너지로 공기를 물질로 변환한다. 그리고 이 전기분해를 통해 합성가스, 메탄, 에틸렌 등 소재와 연료를 제작한다. 이를 씨오투메이드CO2Made로 네이밍하고 각종 기업들과 협업하여 안경, 선글라스, 자동차 부품, 세제 등 다양한 제품을 선보였다.

이들의 항공연료는 화석연료를 사용한 합성가스에 수소를 혼합하는 항공연료가 아니다. 탄소변환으로 생산한 합성가스 씨오투메이드에 수소를 결합해 만든다. 이젯 항공연료는 기존 연료 대비 수명 주기 탄소배출량이 최대 90% 낮다. 앞에서 네스테가 생산한 바이오디젤이 팜유나 바이오매스를 소재로 해 실질적으로 생산량을 획기적으로 늘리기 어려운 데 비해, 이산화탄소를 통해 에너지를 생산하는 이젯은 보다 장기적으로 확장가능한 솔루션이다.

트웰브는 '공기로 만든 세상A World Made from Air'이라는 메시지를 통해 기술적 강점과 지향점을 직관적으로 커뮤니케이션한다. 애플 광고를 연상케 하는 세련됨으로 탄소저감이 만들어낼 미래의 깨끗함을 보여준다.

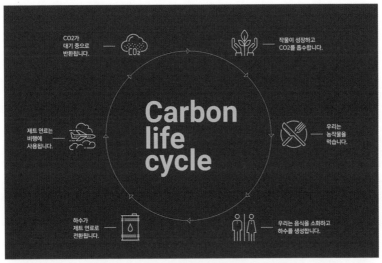

파이어플라이의 카본 라이프 사이클은 하수, 오물을 비행기 연료로 전환하고, 연료 사용 시 발생한 이산화탄소가 농작물로 이어지는 과정을 보여준다. 소비자의 일상과 멀어 보이던 지속가능한 항공유의 중요성을 효과적으로 전달하는 사례다.

© flyfirefly

하수로 만드는 제트연료_파이어플라이

영국 회사인 파이어플라이 그린 퓨얼스Firefly Green Fuels는 100% 바이오 소재로 지속가능한 연료를 개발했다. 여기엔 화석연료가 전혀 사용되지 않는다. 대신 전 세계 어디서나 무한 공급되는 인간의 배설물을 소재로 한다. 이들은 배설물에 고온, 고압을 가하는 열수액화HTL 공정을 통해 등유를 만든다. 이렇게 얻은 연료는 기존 제트연료Jet-A1의 성분과 거의 비슷하다. 부산물인 바이오숯은 작물 비료로도 사용할 수 있다. 물론 기존 항공연료에 비해 탄소배출량은 90% 낮다. 2021년 영국 교통부로부터 약 33억 원의 보조금을 받은 이들은 2028년부터 위즈에어Wizz Air와 제휴를 맺고 연료 공급을 시작할 계획이다.

이 기술의 장점은, 쓸모가 없으며 무한정 공급되는 저렴한 자원을 활용할 수 있다는 것이다. 즉 비용 효율면에서 압도적인 솔루션이다. 이들은 자사의 기술을 '카본 라이프 사이클'이라고 소개한다. 이산화탄소가 순환되는 자연스러운 과정이 곧 지속가능한 항공유를 생산하는 과정이라는 점을 강조하며, 더 깨끗한 세상에 대한 비전을 보여준다.

기후위기 시대의 퍼스트펭귄은 외로울 시간이 없다

소비자에게 어디까지 알리고, 얼마나 말을 걸어야 할지 고민하는 것은 브랜딩의 기본 과제다. 그 과정에서 단순 제품이나 서비스가 아닌 소비자와 거리가 멀어 보이는, 기술로 인한 본질적인 변화를 알리는 건 부차적인 것으로 여겨졌다. 아직 실험실에서나 유용할 기술로 평가받는 PTL기술을 바탕으로 한 트웰브의 탄소전환은 '공기로 만드는 세상'이라는 미선과 비전을, 네스테가 '우리는 모두 (지구의) 승객입니다'라는 메시지를 통해 손쉬운 화석연료가 아니라 지속가능한 연료를 개발해야 하는 당위성을, 지속가능한 연료가 탄소 순환 과정의 일부가 될 수 있음을 보여주는 파이어플라이의 소통 행보는 도전적이다. 획기적인 기술은 여전히 미완성 단계이고, 상용화까지 얼마나 걸릴지 모르는 상황에서 마주하게 될 그린워싱 논란은 두렵다. 기술이 모든 것을 해결하지 못할 수도 있다.

그럼에도 이들뿐만 아니라 글로벌 IT기업들이 탄소제로를 달성하겠다고 선언하는 이유, 패션 브랜드가 친환경 소재 개발을 멈추지 않는 이유, 건설회사가 지속가능한 방향으로 업의 정의를 바꾸는 이유가 무엇일까. 리스크를 관리하는 최고의 방법은 선제적으로 혁신하면서 자기 위치를 주도하는 것이기 때문이다. 기후위기는 모든 브랜드가 마주할, 이미 정해진 리스크다. IT, 패션, 건설 산업들은 공히 환경문제에 대해 비난받기 쉬운 입장이라는 걸 누구보다 잘 알기 때문에 다른 산업보다 더 먼저 지속가능성에 대한 태도와 입장을 분명하게 밝히고 그들의 노력을 가시화한 것이다.

인식이 먼저고 기술이 뒤따른다. 테일러 스위프트의 트윗에 일침을 가한 한 대학생은 이미 소비자들 사이에서 인식의 변화가 일어났음을 보여주는 증거다. 기술 혁신에 몰입하고 있는 기업들이 최종 고객과 소통하는 것은 지속가능한 미래로 나아가는 데 필수적인 변화다. 지속가능 항공유처럼 수요 증가가 확실히 예정된 분야일수록 기업들의 변화가 가속하는 만큼, 관건은 '누가 먼저 경제성을 갖추면서 대량 생산을 해낼까?'이다. 여기에는 지속적인 관심과 투자가 선행되어야 하는데 이를 가능하

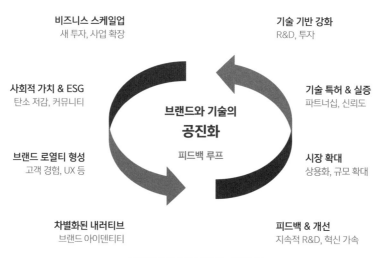

비즈니스 스케일업
새 투자, 사업 확장

기술 기반 강화
R&D, 투자

사회적 가치 & ESG
탄소 저감, 커뮤니티

기술 특허 & 실증
파트너십, 신뢰도

브랜드와 기술의
공진화
피드백 루프

브랜드 로열티 형성
고객 경험, UX 등

시장 확대
상용화, 규모 확대

차별화된 내러티브
브랜드 아이덴티티

피드백 & 개선
지속적 R&D, 혁신 가속

브랜드와 기술의 공진화 피드백 루프

게 하는 것이 최종 소비자의 관심과 요구다.

브랜드와 기술의 공진화는 단순히 '좋은 기술→효과적인 마케팅'의 일방적인 흐름이 아니라, 기술과 브랜드가 서로 영향을 주고받으며 함께 발전하는 과정이다. 혁신 기술이 브랜드의 신뢰도를 높이고, 강화된 브랜드가 다시 기술 개발 및 사업 확장을 촉진하는 선순환 구조가 형성되는 것이다. 이를 통한 큰 성과 중 하나는 인상적인 브랜드 내러티브를 구축할 수 있다는 점이다. '버려지는 하수를 미래의 항공 연료로 전환한다'는 강력한 메시지, '탄소배출 없이도 고성능 연료를 생산할 수 있다'는 파격적인 스토리를 통해 스타트업을 넘어 혁신 기업으로, 스케일업Scale-up의 기회가 마련된다.

남극에는 퍼스트펭귄이 있다. 모두가 망설이고 있을 때 가장 먼저 바다에 뛰어드는 펭귄. 바닷속에는 풍부한 사냥감이 있는 반면 펭귄을 위협하는 범고래나 바다표범도 있다. 바다에 뛰어든다는 것은 펭귄에게 먹이감을 구할 수 있다는 희망이 있으나 죽음을 각오해야 한다는 공포가 공존하는 장소이다. 용기를 낸 퍼스트펭귄의 뒤를 이어 나머지 펭귄들도 바다로 들어간다. 모두가 우려와 불안 속에 휩싸여 있을 때 브랜드가 할 일은 다름아닌 한 발을 떼는 시도이고 이 시도는 연쇄적으로 다른 브랜드들의 움직임을 이끈다. 우리 브랜드가 속한 업계에서 퍼스트펭귄이 될 수 있는가. 기후위기 시대에 불행 중 다행인 건 퍼스트펭귄을 잠시라도 혼자 외로이 둘 시간이 없다는 것이다.

위기 대응, 데이터로
맥락을 설명하라

거의 모든 브랜드들이 지속가능성을 이야기하고 있다고 해도 과장이 아니다. 그러나 많은 경우 칭찬은커녕 그린워싱이라는 비난을 받는다. 의도가 좋았다는 것만으로는 진심을 전하기 어려울 뿐 아니라, 잠깐의 무신경함이나 무지에서 비롯된 친환경 표현이나 디자인 등은 위선 혹은 기만으로 보여지기 쉽다. 가장 대표적인 예가 '그린', '에코'와 같은 키워드를 추가해 친환경 제품으로 둔갑시키는 경우다. 친환경 제품이나 서비스인 것은 맞지만 그 성과를 과장하는 사례도 있다. 다양한 재료로 구성된 포장박스를 100% 재활용 가능하다고 홍보하는 것이 대표적인 경우다. 오해의 소지가 있는 문구, 광고를 제작하는 것은 소비자에게도 해롭고 지구에도 해롭다. 소비자들은 탐욕보다 위선을 더 싫어한다. 기업이 이윤을 추구하는 것, 적절한 탐욕은 어느 정도 이해되지만, 윤리적이고 친환경적인 줄 알았는데 그 안에 거짓의 가능성이 보일 때 느끼는 배신감이 더 크고 이러한 감정적 혐오는 더 큰 비난으로 이어진다. 그간의 성과를 깎아내린다는 점에서 브랜드에게는 치명적이고 즉각적인 위험 요소다. 롯데칠성음료와 이니스프리가 그 과정을 오롯이 겪어야 했다.

롯데칠성음료의 아이시스8.0은 2020년 국내 생수 브랜드 최초로 무라벨 페트병을 도입했다. 페트병 경량화로 플라스틱 배출량도 줄였으며 뚜껑 상단의 QR코드로 제품 정보를 조회할 수 있게 하는 등 여러 방면으로 시도했다. 고객들은 브랜드 로고를 숨기는 과감한 혁신에 박수를 보내며 제품을 응원했다. 아이시스에서 시작된 이 시도는 롯데칠성음료 11개의 제품으로 확산되며 '저탄소제품 인증'을 받기도 했다. 하지만 2022년 아이시스 제품은 그린피스로부터 그린워싱으로 지적받았다. 제품 포장재에 해달, 바다표범, 황제펭귄의 이미지를 넣은 한정판 제품을 출시하는 프로모션 때문이었다. 환경에 대한 대책을 포함하지 않고 '환경을 위한'이라는 문구를 넣은 것이 문제였다. 아이시스의 실수는 잠깐이었지만 그들이 혁신적으로 제안했던 무라벨 생수병 전략의 긍정적 이미지를 반감시킬 수 있었다.

환경문제에 지속적으로 노력을 기울여왔던 이니스프리는 2020년 4월 '페이퍼 보틀 리미티드 에디션'을 출시하며 논란에 휘말렸다. '안녕, 나는 종이병이야'라는 문구와 함께 종이재질의 용기에 담은 화장품을 선보였는데, 해당 용기는 두꺼운 종이를 덧댄 플라스틱 병이었다. 소비자들은 내부에 숨겨져 있던 플라스틱을 발견하고 문제를 제기했고, 결국 이니스프리 측은 사과문을 발표했다. 사측은 해당 용기가 기존 용기 대비 51% 적게 플라스틱을 사용했다는 점을 강조하며 환경과 관련된 성과를 조금이나마 입증하고자 했으나, 소비자들의 마음은 이미 돌아선 후였다.

그린워싱에 대한 비난과 압력은 한 번으로 끝나는 사건이 아니라 지속적이고 세계적이라는 점을 유의해야 한다. 에너지기업 셸Shell은 2023년 미국과 영국으로부터 그린워싱 의혹을 받았다. 재생 가능 에너지에 대한 전체 투자 양을 부풀리기 위해 가스 관련 투자를 재생 가능 에너지에 대한 지출로 묶어 표기했다는 의혹이었다. 연간 지출의 12%를 재생에너지 및 에너지 솔루션 부문에 지출하고 있다고 셸은 보고했지만, 이 잘못된 라벨링을 바로잡으면 실제로는 1.5%만이 쓰였다는 것이다. 영국에서는 광고 송출도 금지당했다. 광고에서 셸의 재생 가능 에너지 프로젝트를 강조했지만, 실제로는 전체 에너지 생산의 0.02%만이 재생 가능 에너지로부터 나왔다는 사실이 밝혀졌기 때문이다. 한편, 2021년 일본에서는 기후 분야 비영리단체들이 일본국제협력단을 미즈호증권거래위원회에 제소했다. 그 이유는 이들이 녹색 채권으로 자금을 조달한 후 이를 석탄 투자에 활용했다는 점 때문이었다.

이러한 그린워싱 논란은 기업이 생산과 판매, 배송 과정부터 수익금의 쓰임까지 친환경적이고 지속가능해야 한다는 의미이다. 친환경이라는 타이틀에 책임감을 가져야 하고, 그만큼 이미 진행하고 있는 친환경 메시지와 행보를 다각도로 꾸준히 점검해야 하는 이유이기도 하다.

친환경 메시지를 다각도로 점검하는 기준

2022년 영국은 그린 클레임 코드Green Claims Code를 발표하며 그린워싱 규제를 시작했다. 이에 따르면 기업이 친환경 마케팅을 하기에 앞서 지켜야 할 행동 원칙은 여섯 가지다. 1) 친환경 주장은 반드시 진실하고 2) 명확해야 한다. 3) 중요한 정보를 생략하거나 숨기지 말고 4) 공정하고 의미 있는 비교만 허용된다. 마지막 두 가지 원칙이 가장 어려운데 5) 제품의 전체 수명 주기를 고려해야 한다는 점, 6) 입증이 가능해야 한다는 점이다. 이 시행지침에 따라 영국은 그린워싱에 대한 소비자의 우려가 가장 큰 패션, 교통, 여행, 식음료, 미용, 청소제품부터 조사를 시작했다.

미국도 다각적으로 규제안을 마련했다. 연방정부의 공정거래위원회 격인 FTCFederal Trade Commission는 그린가이드를 만들고 합리적인 소비자가 오인할 만한 표시 및 누락을 규정하며 이 원칙을 통해 기만적 환경 마케팅을 금지했다. 유럽연합은 그린 클레임 지침을 채택해 기업 생애주기 평가를 통해 광고의 친환경성을 입증하되, 독립적인 제삼자 기관을 통해 과학적으로 인증받도록 했다. 한국도 2023년 말부터 친환경 위장 표시, 광고 가이드라인을 발표해 시행 중이다.

독일의 비영리단체 신기후연구소NCI와 벨기에 비영리단체 탄소시장감시CMW는 2022년부터 매년 대표적인 글로벌 브랜드들의 지속가능성 실천을 모니터링한 보고서를 발표한다. 2023년에 발표한 내용에 따르면 삼성전자를 비롯해 미국 최대 항공사 아메리칸 에어라인, 프랑스의 글로벌 소매업체 까르푸 등이 '매우 낮음' 평가를 받아 충격을 주었다. 굴지의 기업들이 최하위 평가를 받은 가장 큰 이유는 상품 생산 단계에서 발생하는 온실가스 직접 배출(스코프1)과 사업장에서의 전력 사용 등을 통한 간접 배출(스코프2)만을 탄소중립 목표에 포함했기 때문이다. 상품 생산 외에 협력업체·물류 등 과정, 그리고 상품 사용부터 폐기까지의 전 과정에서 발생하는 총 외부 온실가스 배출(스코프3)에 대한 내용은 제외했다. 자료 공개의 투명성이 부족하다는 점도 낮은 평가를 받은 이유였다. 이 평가기관은 제한적으로 접근가능한 문서가 아니라 대중에 공개되는 지속가능 전략에서 전체 탄소배출량을 밝혀서 투명성을 더욱 높일 것을 권고했다. 기업 홀로 잘하면 되는 시절도 이제 끝났다. 기업을 둘러싼 협력 관계와 생태계, 사용에서 폐기까지의 모든 과정에서의 발생하는 환경 영향까지 고려하지 않으면 안 되는 시점이 온 것이다.

이는 영국 그린 클레임 코드의 여섯 가지 행동원칙 중 하나인 제품의 전체 수명주기를 고려해야 한다는 점을 떠올리게 하는 대목이다. 제품의 생애 전 주기LCA, Life Cycle Assessment라는 개념이 중요해진 것은 제품의 단편적인 요소만으로 친환경 여부를 판단하기가 어렵다는 인식이 확산되면서부터다. 친환경적이라고 생각해서 하는 모든 행동들의 이면을 들여다보게 된 것이다. 가장 대표적으로 비닐백 대신 사용하는 에코백, 종이컵 대신 사용하는 텀블러다. 에코백이든 텀블러든 그 취지는 좋지만 에코백과 텀블러를 생산할 때 발생하는 온실가스, 폐기 과정의 자원과 에너지를 따져본다. 2018년 덴마크에서 검토한 내용에 의하면 에코백을 최소 7,100번 이상 사용해야 비닐봉투를 사용했을 때보다 친환경적이라고 한다. 에코백과 텀블러가 프로모션 개념으로 너무 많이 생산되어 쌓이고 있는 것 역시 문제가 된다.

소통하는 것까지가 지속가능성이다_리포메이션

환경을 위하는 척 그린워싱을 할 수도 없고, 무심하게 모른 척할 수도 없는 시대다. 힘들게 이룬 친환경 성과와 의미가 그린워싱이라는 오명을 뒤집어쓰지 않게 하려면 무엇보다도 데이터에 기반한 소통이 중요하다. 자원순환, 탄소중립, 온실가스 감축 등을 정량화된 데이터로 제시할 수 있어야 하며 외부 기관의 평가나 인증을 통해 공신력을 높이는 작업도 필요하다. 핵심은 데이터로 커뮤니케이션하는 것이다. 이를 위해서는 기업 내부에서 지속가능성을 전담하는 전문 인력을 키우려는 노력도 필요하며 선제적으로 정보를 파악하고 협의체의 기준이나 최근 사례 등을 업데이트하는 것도 중요하다.

지속가능성 입증은 탄소배출량, 온실가스 배출량, 재활용 소재 활용량을 측정하는 것에서부터 시작된다. 이를 측정할 수 있는 계산 도구들은 이미 전 세계에 오픈되어 있고 구글만 검색해도 찾을 수 있다. 각 산업에 특화되어 나온 계산 툴도 고려할 수 있다.

입증의 정확성 및 객관성에 대해서는 친환경 평가 기관마저도 소비자들의 평가를 피할 수는 없다. 캐스케일Cascale이라는 평가기관은 기존 히그 지수Higg Index를 활용했으나 가죽, 목화, 양모 같은 천연섬유보다 폴리에스테르에 더 좋은 점수를 부여하는 등 지수의 신뢰성에 문제가 제기되어 수정, 재편 및 리뉴얼의 과정을 밟았다. 친환경 제품 라인을 만들고 '에코' 타이틀의 프로모션이나 브랜드 캠페인을 하더라도 성과와 지표가 없으면 이제는 지속가능한 활동으로 인정받지 못한다. 실제 입증할 수 있는 데이터나 변화의 방법론이 없는 커뮤니케이션은 불분명할 뿐더러 공감받기도 어렵다.

그런 의미에서 리포메이션Reformation의 방식은 흥미롭다. 미국의 10대, 20대들에게 인기 있는 이 브랜드는 최근 공식 인스타그램에 2024년 1, 2분기 지속가능성 보고서를 올렸다. 일반적으로 지속가능성 보고서는 소비자에게 드러나지 않는다. 브랜드 홈페이지의 지속가능성 챕터에 수록되는 데 그친다. 하지만 이왕 작성한 것, 목표를 잘 관리한 데이터까지 포함되어 있다면 되도록 많은 사람들에게 보여주고 싶지 않을까. 리포메이션은 라이언 노박Ryan Novak이라는 코미디언을 섭외해 보고서의 핵심 부분을 언급하게 하고 자신들의 활동과 숫자 데이터까지 확인할 수 있는 짧은 릴스 영상을 만들었다. 지금까지 제품에 사용된 재료의 98%가 재활용, 재생 가능하다는 점을 강조한다. 2024년의 목표는 제품당 이산화탄소배출량을 27파운드로 낮추는 것이었는데 목표보다 낮은 수치 24파운드를 달성했다는 사실을 당당하고도 간결하게 도표로 보여줬다. 이 숫자의 기반이 된 데이터나 방법 등도 모두 공개했다. 지속가능성이라는 주제가 주는 지루하고 무거움을 철저히 배제하고 메신저와 채널을 고민하며 가급적 위트 있고 부담스럽지 않게 팩트를 전달하는 방법을 채택했다. 지속가능성을 계획하고 실천하는 것뿐만 아니라 이를 오해 없이 소통하는 것도 지속가능성의 한 과정이다.

겁에 질린 기업에게 필요한 건 '솔직함'_리눈

지속가능한 패션을 위한 검색 플랫폼 리눈Renoon은 아예 소비자에게 자신들을 감시할 권한을 준다. 리눈의 CEO 아이리스 스크라미Iris Skrami는 파티를 앞두고 드레스를 구매하기 위해 구글을 켰다. 기왕이면 지속가능한 드레스를 구매하려 했지만 쉽지 않았다. 검색만 한 달 반 동안 이어지자 그는 문제의식을 느꼈다. 소비자들이 '좋은' 선택을 하는 데 너무 많은 시간과 노력이 든다는 사실을 체감한 것이다. 빠르게 돌아가는 현대 사회에서 물건을 하나 사는 데 45일씩이나 써야 한다는 건 다소 과한 요구 같았다. 이때 아이리스는 아이디어 하나를 떠올렸다. 제품의 가격과 사이즈를 당연히 알 수 있듯, 우리의 구매가 어디서, 누구에게, 어떻게, 어떤 영향을 미치는지도 바로 알 수 있다면 지속가능한 선택이 좀 더 쉬워지지 않을까? 그렇게 2021년 리눈을 개발한다.

패션 플랫폼이지만 입점 기준이 '지속가능성'이다. 리눈이 자체적으로 세운 지속가능성 프레임워크를 만족시켜야 입점할 수 있다. 이를테면 공장의 위치, 탄소 저감 파트너사와의 협력 여부, 지구를 위한 1%1% for the planet 비콥B corp이나 FCS 인증을 받았는지 등 확인을 거쳐야 한다. 탄소저감, 수자원 절약, 산림 친화적, 무독성, 여성 임파워링, 장인정신, 비건, 미래소재, 블록체인 추적 등 여러 항목들을 간단히 태그로 압축해 보여준다. 자연스레 소비자도 간단하게 입점 브랜드에 평가를 내릴 수 있다. 개인이 평가할 수 있는 항목은 투명성, 환경 가치, 패키지, 지속성, 신뢰 지표다. 제품에 후기와 별점을 매기듯, 지속가능성이라는 부문에서 해당 브랜드가 약속을 잘 지키고 있는지 주관적인 점수를 남길 수 있다.

리눈은 패션 브랜드를 입점시키기만 하는 것이 아니라 브랜드가 지속가능성을 입증할 수 있도록 다양한 툴을 제공한다. 계속해서 변화하고 강화되는 유럽과 미국의 법률에 부합하는 평가 시스템, 수명 주기 평가,

최대 16개 환경 KPI 평가 결과 대조를 통한 인사이트 도출 등 공급망 데이터를 분석해 QR코드로 추출한 뒤 제품 택에 삽입하는 자동화 방법을 제안하기도 한다. 기업에게는 스스로를 지킬 기술을, 소비자에게는 노력하는 브랜드와 만날 수 있는 접점을 제공하는 복합적인 방식 덕에 리눈은 론칭 약 4년 만에 1,300여 개의 브랜드가 입점한 플랫폼으로 성장했다.

앞으로 선택의 기준이 미학에서 윤리로 바뀔 것이라 생각하느냐는 질문에 아이리스 스크라미는 단호하게 '아니'라 대답한다. 미학과 윤리는 서로 배척하는 관계가 아니고 둘은 함께 고려되어야 하는 요소가 될 것이고, 이제 패션은 아름답고 도덕적이며 기능적이어야 말한다. 그는 무언가를 생산한다는 개념 자체가 지속가능하지 않을 수 있다 말한다. 무언가를 생산하고 판매하는 브랜드라면 시대정신에 맞는 윤리적 생산과 판매 과정을 제시해야 하고 브랜드가 소비자의 윤리적 가치를 따라잡지 못한다면 도태될 것이라고 예상하는 것이다.

지속가능성의 문제는 앞으로 더 투명하고 정량적인 근거를 요구할 것이다. 숫자로 가시화되는 평가에 위축될 것이 아니라 덜어낼 것을 덜어내고 솔직해지는 것이 기후시대를 사는 브랜드의 현명함이다. 지속가능한 브랜드가 무엇인지 모두가 혼란스러운 시대에 그 선택을 돕는 빠르고 명료한 방법을 제시하며 스스로 솔직한 브랜드로 살겠다는 다짐이자 약속 또한 퍼스트펭귄이 되는 것이다.

고객 관리 대신
함께 성장하자고 제안하라

2024년 4월, 우리나라 헌법재판소 앞에 학생들이 모였다. 유치원생부터 고등학생까지 다양한 연령대의 학생들 수십 명이 학교에 가지 않고 법원을 찾았다. 그리고 국내 '기후위기 헌법소송'의 첫 공개 변론에 참석했다. 기후변화 청소년단이 2020년에 공소장을 제출한 이후 4년 만에 본격적인 법정 공방이 시작되는 날이었다. 공소 내용은 국가의 기후 대응이 미흡하여 미래 세대의 기본권을 침해당한다는 것. 현직 정치인이 내건 목표치로는 기후위기를 막기 어렵다는 내용이다.

젊은 세대들의 이런 움직임은 전 세계적이다. 2018년 개학일을 맞아 최초의 기후파업을 선언한 그레타 툰베리에 의해 시작된 젊은 층의 기후행동은 그저 시위나 소송으로 끝나지 않는다. 이 여파로 세계 최초로 디지털 데이터 청소의 날을 제정한 에스토니아 출신 활동가, 세상 가장 친환경적인 스마트폰을 설계한 엔지니어 군단이 탄생했다. 아무런 행동도

하지 않는 정치인과 국가를 상대로 소송을 벌이고, 방만하게 성장에만 몰두해온 현재에 경고장을 던지는 미래 세대, 기후세대가 본격적으로 등장한 것이다.

그들과 브랜드와의 관계는 단순하지 않다. 그들은 소비자라는 지위에 만족하지 않는다. 때로는 팬으로 때로는 프로듀서로 행동하는데, 그 어느 쪽이든 인플루언서라는 성격에는 변함이 없다. 크든 작든 모두가 하나의 미디어가 된 시대에 이들은 다양한 형태로 영향력을 행사한다. 이 때문에 이들과 브랜드의 관계를 이야기할 때 '커뮤니티'라는 단어가 어색하지 않다. 브랜드라는 깃발 아래 모인 여러 사람들의 공동체인 브랜드 커뮤니티에서, 우위를 차지하는 사람은 없다. 관계는 단선적이거나 일방적이지 않으며 상하 관계는 더더욱 아니다. 기업과 고객이 모두 평등한 상태이며 힘의 균형은 역동적인 관계 속에서 형성된다. 때로는 기업이 때로는 고객이 관계를 리드하면서 이들이 '성장'이라는 공통의 목적을 갖는다는 점이 중요하다. 브랜드의 성장은 물론이고 고객의 성장을 포함한다. 그 목적을 이루기 위해 이들은 '소통'한다. 소통은 가장 기본적이고도 강력한 수단이다.

이렇게 분명한 목적과 수단에도 불구하고 현실에서의 고민은 사그라들지 않는다. 도대체 얼마나 더 솔직하게, 깊숙이 소통해야 할까? 브랜드의 성장이 곧 고객의 성장이 되거나 혹은 반대의 과정을 일구려면 무엇을 어떻게 해야 할까?

탈물질주의 세대의 모순

기후세대는 Z세대를 중심으로 더 넓게는 소위 MZ세대라 구분하는 10대부터 30대까지의 젊은 층이다. 이 세대의 큰 특징 중 하나는 탈물질주의다. 탈물질주의 세대는 경제 성장기의 논리를 바탕으로 성장했고 '아무것도 필요하지 않은' 물질적 풍요의 시대에 살고 있다. 물질적 풍요로움과 함께 이들이 목격하는 것은 해결되지 않는 제3국의 가난과 부모세대보다 적게 번다는 MZ세대의 가난, 소득양극화와 세습 중산층의 등장이다. 이들은 경제 성장이 미진한 것이 문제가 아니라 성장의 결실이 고르게 분배되지 않는 체제와 정치가 문제임을 체득하며 탈성장으로 인식을 전환한다.

성장에서 탈성장으로의 전환은 물질주의에서 탈물질주의로의 전환을 의미한다. 이전 세대들에게 성공적인 삶이란 좋은 차와 집, 명품 브랜드를 소유하는 것이었고, 나이와 비례하여 물질을 쌓아가는 것이 가능했다. 그러나 밀레니얼과 Z세대는 그렇지 않다. 이들은 나이와 자산의 비례 관계가 부모세대만큼 명확하지 않다. 더욱이 노력과 자산의 비례 관계도 불분명하다. 이들은 제품, 소유를 욕망하기보다 가치관과 라이프스타일, 경험을 욕망한다. 이들의 탈물질주의는 시대의 흐름이기도 하지만 현실을 받아들이기 위한 일종의 현명함이다. 욕망해도 소유할 수 없는 현실과 소유하지 않아도 욕망을 성취할 수 있는 방법이 공존하는 시대에서 말이다. 기후세대는 과잉생산과 과잉소비의 굴레에서 벗어나 삶의 질, 행복의 본질을 찾으려 한다. '설레지 않으면 버려라'라는 곤도 마리에의 말처럼 여기저기 쌓여 있는 불필요한 제품들을 걷어내고 중요한 것을 발견하고 집중하려는 세대가 온 것이다.

삶의 방식이 최후의 상품이다_에콜프

지금 이야기해야 할 것은 제품이 아니다. 탈물질주의 시대, 이제 팔리는 것은 삶의 방식이다. 지금의 키워드는 가치관, 취향, 스타일, 라이프스타일이다. 그렇다면 브랜드는 이것을 어떻게 이야기해야 할까? 답은 사람이다. 가치관, 취향 같은 키워드는 어떤 물건이나 개념으로 설명하기 어려울 뿐더러 제품 자체는 이제 더 이상 사람들의 관심사가 아니다. 대부분의 사람들이 제품에 대해 높은 경험치와 지식을 갖고 있다. 제품 그 자체로 구매 동기가 일어나기 힘들기 때문에 제품에 대한 이야기는 흥미롭지 않다. 미디어가 풍요로운 시대에 정보로서 존재하는 제품은 매력이 없다. 지금의 관심사는 사람이다. 브랜드를 탄생시킨 CEO, 브랜드를 만드는 직원들, 브랜드의 뮤즈, 그리고 고객이 이야기의 주제이며 동시에 화자여야 한다. 이 제품에 대해 또는 제품이 변화시킬 삶의 방식에 대해 보여줄 사람, 말해줄 사람, 바로 그 사람이 필요하다.

　미래 세대들의 삶의 방식은 무엇일까? 이들이 사지 않는 삶의 방식을 택하고 이런 생각에 동참할 사람들, 브랜드들을 모은다. 이 생각을 지원하는 브랜드의 지지를 얻고 정기적으로 마켓을 열어 교환하고 수선하고 중고매매를 할 수 있는 장을 마련한다. 플라스틱을 사용하지 않겠다는 삶의 방식을 택하고 이를 실천하기까지의 불가능한 현실을 낱낱이 보여주면서 우리의 세계를 구성하고 있는 막강한 플라스틱이라는 존재와 싸우는 일기를 기록하기도 한다. 이처럼 극단적으로 삶의 방식을 온전히 바꾸지는 않더라도 물건을 구매하고 선택하는 기본적인 방향과 태도가 이전과는 확연히 다르다. 이미 브랜드의 스토리텔링 문법은 과거와 다르다. 이제 브랜드 스토리의 주인공은 고객이고, 고객에 의해 창조된다. 스토리를 말하는 사람도 고객이다. 그들은 적극적으로 자신이 주인공이 되는 브랜드 이야기를 창조하고 말하며 브랜드의 세계관을 더 단단하게 하거나 새로운 방향으로 확장해 나간다. 기업이 컨트롤할 수 있는 것은 별로 없다. 이 거대한 콘텐츠를 재생산해가는 수많은 텔러의 일부로서 함께할 뿐이다.

앞서 언급한 의류 브랜드 리포메이션의 메시지는 2009년 창립했을 때부터 지금까지 변함없이 하나다. '입지 않는 것이 가장 지속가능한 옵션입니다. 우리는 두 번째입니다.Being Naked is the 1 Most Sustainable Option. We're 2.' 이 슬로건은 리포메이션만의 투명한 사업 운영 방식과 혁신적인 제품개발을 통해 지속가능성을 실현하는 브랜드의 자신감을 전달한다.

100% 재활용 소재를 활용하는 패션 브랜드 에콜프Ecoalf의 메시지는 선언을 넘어 경고처럼 느껴진다. 새삼 '슬로건의 역할이 무엇일까'도 생각하게 된다. 에콜프는 브랜드 이름이 있어야 할 모든 자리에 브랜드의 메시지를 넣기 때문이다. 모자 전면에, 티셔츠 뒷면 전체에, 신발 밑창에도 자리 잡은 'Because there is no planet B'라는 메시지는 소비자들이 이 브랜드를 입고 벗고 신을 때마다 생각하게 만든다. 자칫 소비자들이 거부감을 느낄 수도 있는 위험을 감수한 파격적인 행보다.

에콜프 창업자는 1995년부터 스페인에서 펀앤베이직Fun&Basic을 설립해 십여 년 만에 350개의 매장을 둘 정도로 승승장구하던 사업가였다.

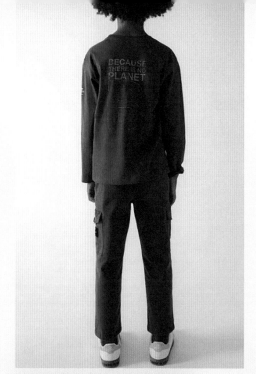

에콜프는 브랜드 이름이 있어야 할 자리에
브랜드의 메시지를 넣음으로써 브랜드가 지향하는 바를 보여준다.

하지만 패션이 환경에 미치는 영향에 심각성을 느껴 천연섬유 사용을 중단하고 기존 사업을 정리한 뒤 2009년 에콜프를 설립했다. 말뿐인 지속가능성이 아니기에 메시지는 더 힘 있게 다가온다. 에콜프는 해양 쓰레기를 모아 고품질 원사, 원단과 제품을 생산하는 프로젝트 업사이클링 디 오션Upcycling the Oceans을 진행하며 전 세계 40항구, 3,000명 이상의 어부들과 함께 500톤 가까운 해양 쓰레기를 수거하고 있다. 해양 쓰레기뿐 아니라 페타이어를 활용한 소재, 재활용 양모를 활용한 섬유 등 지속적으로 소재 개발과 재활용 범위를 확대하고 있다. 에콜프의 메시지 '지구는 대체할 수 없기에Because there is no planet B'는 그들의 활동이 확대될수록 더 강력해지고 젊은 세대들은 이 메시지와 활동에 동참하는 마음으로 소비하게 된다. 새로운 시즌의 컬렉션을 소개하는 짧은 영상의 끝부분엔 이런 카피가 나온다. '이 컬렉션을 만드는 과정에서 2억 5,000만 리터를 절약했고 2,116톤의 이산화탄소 배출을 줄였습니다.' 이쯤되면 이 브랜드는 패션 사업이 아니라 환경운동단체라는 착각이 들 정도인데 이 모든 소통을 최대한 담백하고 세련되게 하기에 공감은 더 커져 거부감을 누른다.

미국의 경제학자 폴 새뮤얼슨은 "소비자가 특정 상품을 구매하는 것은 유권자가 특정 후보에 투표하는 것과 같다"며 "소비자는 자신의 소비 즉, '화폐 투표'로 어떤 제품이 얼마만큼 생산될지 결정한다"고 했다. 소비자가 자신이 가진 화폐를 투표용지처럼 사용해 경제주권을 행사한다는 이야기다. 따라서 소비자들이 '화폐 투표권'을 올바르게 행사함으로써 문제가 있는 기업을 시장에서 도태시킬 수 있으며 제품 생산의 방향을 바꾸어 올바른 방향으로 이끌 수도 있는 것이다.

긍정을 이야기하기_매드해피

기후세대에게 있어 지속가능성은 단순히 재활용, 분리수거 같은 이야기만은 아니다. 그보다는 좋은 생각이 먼저다. 좋은 가치를 품고 이를 퍼트릴 수 있는 활동을 함으로서 좋은 생태계를 만들어가는 것에 더 가깝다. 필연적으로 '관계'에 대한 생각을 하는 브랜드를 찾는 것이다. 나와의 관계, 나와 대지와의 관계, 나와 햇빛과의 관계, 나와 이웃 가게와의 관계 등을 생각할 수 있는 브랜드를 지지해 큰 숲을 이루는 것을 지향한다. 단순히 예쁘고 재활용 되는 옷인가를 따지는 수준이 아니라는 것이다.

2017년 설립된 매드해피Madhappy는 창업 2년만인 2019년 말 세계적인 주목을 받는다. LVMH, 토미 힐피거, 스윗그린 창업자가 매드해피에 180만 달러를 투자했기 때문이다. LVMH는 젊은 세대로 가기 위한 통로로 매드해피를 선택한 셈이다. 매드해피는 20대 청년 네 명이 만든 브랜드인데, 스스로를 패션 브랜드라 칭하지 않는다. '새로운 낙관주의 라이프스타일 브랜드'로 자신을 정의하며, 후드티나 모자는 그들이 미션을 달성하기 위해 선택한 첫 번째 매개물일 뿐이라고 말한다. 네 명의 창업자 중 한 명인 조슈아 시트Joshua Sitt는 이렇게 말한다.

"우리는 매드해피를 하나의 운동movement으로 보고 있어요. 우리는 몇몇 삶의 경험을 통해 모이게 되었고, 우리가 세상에 큰 영향을 줄 수 있다고 생각합니다. 옷으로 시작한 것은 그게 우리에게 자연스러웠기 때문이에요. 하지만 우리는 매드해피를 훨씬 큰 개념으로 생각합니다."

매드해피는 기후세대 소비자의 거울상처럼 느껴진다. 소비를 투표처럼 생각하는 성향을 극대화시키고 또 생산자의 위치에 놓으면 바로 매드해피와 같은 모습 아닐까? 후드티를 팔면서 '낙관주의'를 이야기하는 브랜드. 브랜드를 하나의 '운동'으로 보는 기업은 지구상에 그리 많지 않을 것이다. 이들은 태생부터 어떤 산업을 중심으로 사업을 계획하지 않았다. 세상을 더 낙관적으로 만들겠다는 미션이 먼저 있었고, 이를 달성하기 위해 지금 그들이 할 수 있는 패션산업을 선택했을 뿐이다. 전에 없던 강력한 미션 중심의 브랜드가 탄생한 것이다.

매드해피 제품 중 유명한 것은 '애플팬' 후드티다. 애플팬은 LA의 오래된 햄버거 가게로 이곳의 로고가 후드티 등판에 박혀 있다. 195달러라는 비교적 고가에도 불구하고 첫 출시된 2019년 11월에 완판된다. 매드해피는 애플팬이 '오랫동안 일관적이고 꾸준한 진실성Self-integrity'을 가졌기 때문에 그들과 콜라보했다. 70년 넘게 햄버거와 애플파이를 파는 레스토랑, 옛날 맛은 물론이고 1940년대부터 쓰고 있는 금전등록기와 거의 변하지 않은 인테리어, 그리고 그곳에서 오랫동안 근무해온 사람들. 이 모든 것을 고스란히 지켜온 애플팬에서 진정성을 느낀 것이다. 애플팬 후드티가 2020년 4월 또 다시 출시된 이유는 코로나19 팬데믹 때문이었다. 애플팬도 다른 레스토랑과 마찬가지로 어려움을 겪고 있었다. 매드해피는 이들을 위해 콜라보 라인을 재생산한다. 수익금 100%가 오랫동안 일해온 애플팬의 직원들에게 전달되었다.

매드해피는 콜라보 라인이 아니더라도 상시적으로 수익금의 일부를 자살 방지, 홈리스 지원 자선단체에 기부한다. 매드해피는 창업자 자신이 MZ세대인 만큼, MZ세대가 무엇을 소비하는지 잘 알고 있다. '의미' 말이다. 자신의 가치관에 따라 투표하듯 소비하는 MZ세대의 특성을 데칼코마니처럼 찍어내면 바로 매드해피일 것이다.

메시지의 전달은 브랜딩의 시작일 뿐, 본격적인 효과는 자산을 형성하며 나타난다. 이러한 브랜드 자산을 달리 표현하면 '신뢰'라고도 말할 수 있다. 신뢰는 한 번에 이루어지지 않는다. 브랜드가 지속적으로 약속을 지키고, 기대치를 충족시킬 때 비로소 결실을 맺을 수 있다. 반대로 이야기하면, 그런 노력을 꾸준히 하더라도 어떤 약속이 있었고 어떤 기대가 있었는지를 대중들이 인지하지 못한다면 신뢰 역시 형성되지 않는다. 브랜드는 그런 역할을 한다. 브랜드는 기가 막힌 매직카펫이 아니라, 기업이 수년간 공들인 노력을 모아 담는 그릇이어야 한다. 되도록 솔직하고 진실되게, 그리고 친절하게 말이다.

© Madhappy

'새로운 낙관주의 라이프스타일 브랜드'로 자신을 정의하는 매드해피는
세상에 영향을 끼치는 일종의 '운동'이 되고자 한다.

지속가능한 문화를 이끄는
시스템을 설계하라

모두가 알고 있다. 소비와 기후위기는 밀접한 관계가 있다. 대량 생산은 물건의 가격을 낮추고 적당한 제품을 더 많은 사람들에게 전달하지만, 물건의 가치를 낮춰버린다. 시장이 세계로 확장되면 물건이 지니고 있던 원래의 아우라는 쉽게 희석되고 가격만이 남는다. 공장에서 출고된 후 한 번도 소비자의 손을 거치지 않은 제품이 그대로 쓰레기가 되기도 한다. 바다로 흘러간 그 쓰레기를 어미 새는 배고픈 아기 새에 먹인다. 기후위기는 가속화된다. 이쯤되면 소비자든 기업이든 혼자 잘해서 될 일이 아니라는 것도 모두가 알고 있다.

기후위기 시대에 '한 사람'의 각성은 중요하다. 수많은 변화가 조금 다른 생각을 품은 한 사람으로부터 시작되었다. 그러나 이것만으론 부족하다. 한 사람의 각성은 관계로 확산되어야 하고 그 관계는 확장되고 심화되어야 한다. 이를 위해 핀테크 기업 두코노미DOconomy는 '소비하는 순간'

에서부터 출발했다. 두코노미의 공동 설립자이자 광고 전문가 출신인 마티아스 윅스트롬Mathias Wikström과 요한 필Johan Pihl은 개인이 소비의 힘을 깨닫고 사소한 것부터 스스로 친환경적 선택을 할 수 있도록 혁신적인 방법을 생각했다. 그 결과 탄생한 것이 바로 '탄소계산기'이다. 이는 소비자들이 신용카드 결제 시 비용과 함께 탄소발자국을 쉽게 확인할 수 있게 도구다. 예를 들어 청바지 한 벌을 살 때 카드사 앱이 청바지의 생산부터 폐기까지 탄소가 얼마나 배출되는지 대략적인 수치를 계산해 알려주는 것이다.

탄소계산기가 처음 적용된 프로젝트는 올란드 은행Bank of Åland의 올란드 인덱스Åland Index였다. 올란드 은행은 당시 해안으로 밀려 들어오는 죽은 물고기와 플라스틱 병으로부터 발트해를 지킬 수 있는 캠페인을 구상하고 있었다. 마티아스와 요한은 캠페인 대신 소비자가 일상적으로 매일 사용하는 신용카드를 통해 변화를 만들자고 제안했다. 신용카드는 소비를 부추기는 도구이지만 다른 역할도 할 수 있다고 생각한 것이다. 그때 이들이 주목한 것은 탄소였고, 개인이 소비를 통해 얼마나 많은 탄소를 발생시키고 있는지 알게 하는 것만으로도 변화가 있을 것이라 기대했다. 그들은 트루 코스트와의 파트너십을 통해 세계 시가총액 99%인 기업의 데이터를 사용할 수 있었고, 유엔 기후변화 사무국UNFCCC과 협력해 탄소발자국을 계산할 수 있는 프로그램을 개발할 수 있었다.

영향력을 확대하는 가장 쉬운 방법, 거인과의 파트너십

빅데이터를 결합시킨 탄소계산기가 아무리 혁신적이라도 대다수 사람이 존재도 모르면 영향력은 커지지 않는다. 두코노미는 그들의 탄소계산기가 세계적으로 인지도를 얻고 더 많은 사람들에게 다가설 수 있도록 수백 개의 은행과 수십억 명의 사용자를 보유한 마스터카드와 협업한다. 두 기업은 지속가능한 소비와 기후변화 대응을 위해 두DO라는 모바일뱅킹 앱과 두블랙DO Black 카드를 공동 출시했다. 두블랙 카드가 생분해성 소재와 재활용 탄소잉크Air-Ink로 제작된 친환경 카드라는 것보다 더 차별화된 요소는 따로 있다. 두블랙 카드의 '탄소 한도 설정' 시스템이다. 세계 최초 탄소로 한도가 설정되는 이 신용카드는 사용자가 연간 탄소배출 한도를 설정하고, 이 한도에 도달하면 더 이상 소비하지 않기를 제안한다.

두코노미는 누구나 탄소계산기를 활용할 수 있도록 많은 금융회사들과 협업했는데, 그중 특히 효과가 좋았던 것은 클라나Klarna와의 협업이었다. 클라나는 Z세대를 위한 금융 플랫폼이다. 제품을 먼저 받은 뒤 후 결제하는 서비스를 통해 젊은 세대들의 부담을 덜어주는 무이자 분할 결제 옵션을 제공해왔다. 2021년부터 클라나는 두코노미와 협업하여 올란드 인덱스 앱을 통한 탄소발자국 추적 기능을 추가했다. 클라나 소비자들은 구입하고자 하는 제품의 탄소배출량을 한 번에 확인하고, 원한다면 지불 금액의 1%를 기후운동에 기부하거나 처분하고 싶은 제품을 클라나를 통해 중고로 되팔아 쓰레기를 줄일 수도 있다. 두코노미는 클라나와의 협업을 통해 9,000만 이상의 Z세대 소비자들에게 탄소계산기를 전달할 수

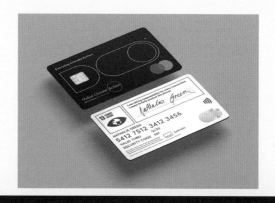

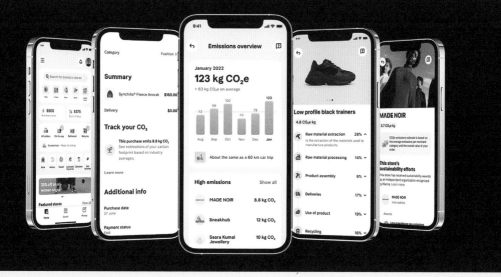

소비 제품의 탄소배출량으로 한도를 설정하는 신용카드 두블랙 카드와
탄소발자국 추적 기능을 보여주는 클라나 앱 화면

© Mastercard, Klarna

있었고, 클라나는 핀테크 기업으로서 지속가능성을 적극적으로 확대할
수 있었다.

기업 입장에서 '희생이 아니라 이윤'

미국의 재활용 컨설팅회사 테라사이클TERRACYCLE의 이야기는 좀 더 재미
있다. 테라사이클은 2001년 CEO 톰 재키Tom Szaky가 지렁이 배설물을
판매하면서 시작되었다. 프린스턴 대학교를 다니던 당시 그는 지렁이 배
설물이 최고의 비료라는 이야기를 들었다. 그는 바로 학교 구내식당으로
달려가 음식물 쓰레기를 얻어 지렁이 먹이로 주고 배설물을 수집해 동네
마트에 팔았다. 이후 월마트 같은 대형 유통회사에도 입점하면서 빠르게
회사를 성장시켰지만 그는 만족하지 못했다. 지렁이 비료 판매가 환경보
호에 끼치는 영향력이 너무 적다고 생각했기 때문이다. 그래서 본격적으
로 대량 폐기물 재활용 사업에 뛰어들며 알 만한 기업부터 찾아갔다. 그
가 생각한 이 사업의 출발점은 폐기물을 배출하는 기업과 함께 문제를
해결하는 것이었기 때문이다. 그는 코카콜라, P&G, 로레알, 크래프트
등 글로벌 대기업을 일일이 찾아다니며 제품 포장재를 수거하고 재활용
하는 체계를 구축했다.

　테라사이클이라는 브랜드가 크게 알려진 것은 2008년 카프리썬 패키
지를 수거해 가방과 필통을 만들어 판매하면서부터였다. 자신이 버린 쓰
레기가 흥미로운 결과물을 만들어낸다는 점에 소비자들은 환호했고, 기
업들은 사회공헌 효과를 확인하면서 더 적극적으로 테라사이클과 함께
하기 시작했다. 다양한 브랜드들이 쓰레기로 굿즈를 만들며 소비자들에

테라사이클이라는 브랜드가 크게 알려진 것은 2008년 카프리썬 패키지를 수거해 가방과 필통을 만들어 판매하면서부터였다. 자신이 버린 쓰레기가 흥미로운 결과물을 만들어낸다는 점에 소비자들은 환호했고, 적극적으로 테라사이클과 함께하기 시작했다.

게 재활용의 결과를 직접 체감할 수 있게 했다. 소비자 스스로 올바른 방법으로 버린 물건은 자원이 되어 새롭게 탄생한다는 것을 직접 경험하고, 참여감을 높이는 효과를 낳았다.

더 흥미로운 점은 그 모든 협업의 중심에서 테라사이클이 기업들에 전하는 메시지다. 테라사이클과 함께하는 협업은 소비자 눈치를 보는, 효과가 미미한 환경보호를 위해 큰돈을 들이는 등 기업의 희생이 아니라 재미있게 이윤을 얻는 과정이라는 점을 강조한다. 희생과 의무라는 관점으로는 테라사이클의 사업을 오래 지속할 수 없기 때문이다. 가능한 한 자연스럽고 재미있게, 기업에게도 소비자에게도 이득이 되는 일로 만들어가는 것이 중요하다는 것을 톰 재키는 일찍이 알았다.

이쯤에서 두코노미의 사례로 돌아가보자. 작은 금융 스타트업이었던 두코노미가 어떻게 마스터카드를 설득했을지 말이다. 그 힌트는 테라사이클이 기업들을 설득한 것과 일맥상통하다. 결국 모두에게 이득이 된다는 것. 두코노미는 '지구가 없다면 소비도 없다'며 환경과 금융을 연결하고자 시작된 기업이다. 이들과 협업했던 마스터카드 또한 한편으로 오랫동안 '돈으로 살 수 없는 것이 있습니다There are Some Things Money Can't Buy. There's Mastercard'라는 메시지를 전해왔다. 이는 돈을 대체하는 거래수단으로서의 신용카드를 강조하면서 동시에 돈으로 살 수 없는 편리한 가치를 강조한 슬로건이지만, 두코노미와의 협업을 통해 돈으로 살 수 없는 중요한 가치를 확장할 수 있었다.

소비자 입장에서 '가장 편한 방식'

신용카드로 소비하는 즉시 환경을 생각하게 한 두코노미의 방식처럼 테라사이클 또한 소비자 입장에서 가장 편한 방식을 고안했다. 일반 고객이나 소규모 기업을 대상으로 제로웨이스트 박스를 제안한다. 고객은 테라사이클의 웹사이트에서 폐기물 종류와 박스 용량을 직접 선택해 주문하고, 배달된 박스를 채운 후 수거를 요청하면 된다. 재활용이 어려운 기저귀, 담배꽁초, 커피 캡슐, 의료용 폐기물, 일회용 장갑, 치약 튜브 같은 품목도 수거되는 폐기물에 해당된다. 소비자가 따로 제품을 씻거나 소재를 구별해 분리하는 과정 없이 쓰레기통 대신 제로웨이스트 박스에 다 쓴 제품을 던져두기만 하면 된다. 톰 재키는 소비자 입장에서 '가장 편한 방식'을 제공하는 것이, 쓰레기 수거 단계에선 가장 중요하다고 강조한다. 이렇게 모인 폐기물은 공원 벤치, 정원용 화분, 놀이터 장비 등 새로운 제품으로 재탄생된다.

2019년에는 다회용 용기를 유통하는 플랫폼 루프Loop를 런칭했다. P&G를 비롯한 200개 이상의 글로벌 소비재 기업이 협력 중인 이 시스템은 쓰레기를 만들지 않기 위해 재사용 가능한 포장재를 사용하여 제품을 유통한다. 다회용기에 제품을 담아 판매하고 이를 다시 반납하게 하는 것이다. 재활용은 '반창고를 붙이는 것에 불과한 임시방편'이라 생각한 그는 더 나은 해결책은 재사용이고 이를 위해 루프라는 플랫폼을 만들어 소비자들 일상에 자연스러운 변화가 자리 잡기를 바란 것이다. 마치 넷플릭스가 일상을 지배하고 있는 것처럼 말이다.

함께할 때 문화를 바꾼다

지렁이의 배설물을 판매하던 때부터 대형 폐기물, 제로웨이스트 박스, 루프를 제안하며 성장해온 테라사이클은 함께한 기업 그리고 소비자를 시종일관 즐겁게 만들면서 진화해왔다. 사업을 추진하는 테라사이클이 품은 생각의 스케일이 커지는 만큼 더 많은 파트너십이 이뤄졌고 더 많은 아이디어들이 세상에 자리 잡았다. 하나의 생각으로 그치지 않고 함께 관계 맺는 파트너들의 영향력을 교환하고, 서로의 희생이 아닌 궁극적 이윤을 제시하며 맺는 파트너십은 솔직하고 현실적이다.

테라사이클의 궁극적인 목적은 '낭비하는 문화'를 없애는 것이라고 한다. 문화를 바꾸는 일이야말로 장기적인 관점과 많은 사람들의 협력이 필요한 일이다. 변화는 빨리 일어나지 않는다. 그렇다고 그동안 가만히 있을 순 없으니 '일단 재활용하는 문화를 만든 다음, 어떻게 하면 더 나은 방법이 있을지 함께 고민하면 된다'고 말하는 테라사이클 부사장 케빈 플

고객이 우리 서비스를
'옳은 일이라서 한다'고 말해버리면,
그건 좋은 비즈니스가 아닙니다.
제조기업도 소비자도 평소의 방식에서
크게 벗어나지 않는 게 중요하죠.
매장마다 리필 스테이션을 두는 대신,
테라사이클이 다회용 용기를
직접 수거하는 이유입니다.

톰 재키, 테라사이클 CEO
2020년 《컨슈머 굿즈》 인터뷰 중에서

린의 말은 이들이 걸어온 여정과 그 과정에서 있었던 협력의 방식을 요약해준다. 가능한 것부터 일단 시작해 볼 것, 더 나은 방법을 고민할 파트너들과 함께할 것이라고 말이다.

두코노미 또한 경쟁 대신 협업을 강조한다. 기후변화에 직면한 지금, 두코노미가 생각하는 최고의 시나리오는 이 분야에서 최고가 되지 않는 것이다. 모두가 두코노미를 따라잡길 원하고 이들이 만들어낸 혁신 기술을 습득하도록 하는 것이 목표이다. 기후변화는 사회의 모든 측면을 포함하는 공동의 노력이 필요하기에 유사한 시도를 하는 기업들과 경쟁하기보다는 오히려 반갑고 감사한 생각으로 함께 영향력을 키워가겠다는 것이다. 이런 마인드와 생각은 좋은 파트너십을 불러들인다. 기후위기의 치료제는 결국 사람들이라고 생각하는 마음은 사람에서 사람으로 이어지는 변화를 이끌어낸다. 서로를 발전시키는 방향으로 말이다.

에필로그
어떤 이야기의 일부가 되고 싶은가?

원고를 쓰는 동안 부산 현대 모터스튜디오에서 현대차 컨티뉴Continue의 영상을 다시 봤다. 무려 3년 전에 개발한 브랜드였지만 이 책의 주제와 연관이 있어 더욱 반가웠다. 1973년 뉴욕에서 태어난 페트병이 몇십 년 동안 바다 위를 떠돌아 다니다가 업사이클 되어 친환경 차량의 소재로 활용되는 과정을 보여준 PET의 여정Journey of PET 스토리는 새삼 다르게 와닿았다. "아름다운 바다 위, 길 잃은 플라스틱. 그게 우리였죠"라는 내 레이션 문장은 지금 우리가 처한 상황과 묘하게 겹쳐졌다. 독일 비트라 디자인 뮤지엄과 현대자동차가 협업한 전시 〈플라스틱, 새로운 발견〉을 비추는 영상을 오랫동안 바라보았다. Continue. 계속되어야 하는 실험. 이 책을 통해 하고자 했던 이야기라고 생각했다. 단 한 번의 드라마틱한 혁신, 한 명의 강력한 히어로는 없이, 지루하게 꾸준히 계속해야 하는 이 야기 말이다.

아직도 많은 브랜드들에게 지속가능성 이슈는 '총론은 있으나 각론은 없는 이야기'처럼 느껴지기도 한다. 그러나 지속가능성에 관한 이야기는 총론보다 각론이 압도적으로 중요하다. 모두가 알고 있는 총론은 생략하고 다양한, 때론 무모한 각론들을 쏟아내 의미 있는 실험으로 이어가야 비로소 완성에 다가갈 수 있다.

이 책에서 가능한 한 많은 사례들을 다루려고 했던 이유도 그것이다. 브랜드들의 실험은 완벽하지 않다. 수많은 시도들은 중단되기도 하고 혁신이라 생각한 아이디어는 현실의 벽에 부딪히기도 한다. 잘하고 있다고 생각했던 활동들은 생각지도 못하게 그린워싱이라는 비난을 받기도 할 것이다. 그러나 낙담할 시간이 없다. 다시 원점으로 돌아가 가설에 명확성을 더하고 변수를 더 잘 관리하면서 그저 신뢰할 수 있는 실험으로 향하는 것, 그것이 브랜드의 일이다. 실험이 성공하든 실패하든 끝까지 남는 것은 결국 '왜', 그리고 '어떻게'에서 나온다. 나머지는 다 소음이다.

어떤 이야기의 일부가 되고 싶은가? 브랜드는 언제나 이야기되길 희망한다. 이를 위해 대부분의 브랜드는 자기만의 개성과 오리지널리티 Originality를 전하는 데 노력을 아끼지 않는다. 여기서 질문을 바꿔보자. 이야기를 펼칠 무대가 바뀌고 있다면 어떻게 할 것인가? 영화 〈매트릭스〉에서 빨간 약을 선택해 진실을 알게 된 주인공 네오처럼 그동안 내 것이라 믿었던 것들이 사라지고 혼돈 속에 남게 된다면 어떻게 할 것인가? 불확실성이 커지는 기후위기 시대에 브랜드들은 흔들리지 않을 더 단단한 정체성이 필요하다. 이 본질적인 질문에 답하고 목적을 정의하는 데 많은 에너지를 써야 한다. 그 토양이 단단할수록 더 많은 관계와 이야기를 건넬 수 있다.

브랜드의 존재 이유가 변화를 일으키는 힘이다. 기후위기를 맞은 브랜드에겐 대답해야 할 많은 가설들이 기다리고 있다. 수많은 가설에 답하며 100년짜리 실험을 용기내어 꾸준히 해나가는 이야기의 축적 속에 브랜드의 미래가 있을 것이다.

지구의 지속가능성은 더 많은 브랜드들의 실험적인 용기에 비례한다. 이 책에 인용된 브랜드들의 실험은 아직 끝나지 않은 실험들이다. 업종을 가리지 않고 크고 작은 브랜드들의 움직임을 기록하는 것은 여러 감정이 오가는 일이었다. 글을 쓰는 나 자신을 움직이는 일이기도 했다. 숙제나 가설 그 이상의 기록이 되기를 바라는 마음으로 마무리한 만큼, 이 마음이 독자들과 세상의 많은 브랜드들에게도 전해지길 바란다.

Part 1.

1 태평양 쓰레기섬에서 플라스틱 206톤 수거한 '오션클린업'…"뉴스톤 등 해양 종다양성 손실 우려돼" / 그리니엄, 2023.05.18.

2 파타고니아 홈페이지

3 파타고니아, 환경기금조직 '홈 플래닛 펀드' 출범 / 서울경제, 2024.04.22.

4 Patagonia와 Bolder Industries, 수명이 다한 Yulex® 잠수복을 위한 순환 솔루션 출시 / ESG 뉴스, 2024.06.14.

5 Lance Collins Launches Sustainable Beverage Brand ZEN WTR / BEVNET, 2020.03.17.

6 Plastic waste inputs from land into the ocean / SCIENCE, 2015.02.13.

7 OBP는 해안에서 50km 이내에 위치한 폐기물 관리가 부재하거나 비효율적인 지역에 있는 "버려진 플라스틱 폐기물" (미세플라스틱, 중간 크기 플라스틱, 대형 플라스틱)을 의미한다. 매립지나 관리된 쓰레기장에 있는 플라스틱 폐기물은 OBP로 간주되지 않는다. 그러나 통제되지 않거나 비공식적인 쓰레기장에 버려진 경우, 이 폐기물은 OBP로 간주된다.

PART 2.

1 「ごみを売るなんて！」反対の声も 火事の元になる厄介者「今治のホコリ」が売れたワケ / ITmedia, 2023.04.17.

2 삿포로맥주 블랙라벨 홈페이지

3 돈 되는 일본의 '착한 제품' 트렌드 / 플라스틱넷, 2023.10.24.

4 옷을 재활용하기가 어려운 까닭 / BBC뉴스코리아, 2020.07.19.

5 EU, 지속가능한 의류·섬유제품 위한 규제 마련 중 / 코트라해외시장뉴스, 2023.08.14.

6 "지구온난화 주범이 소 트림·방귀?"…'메탄'을 잡아라 / YTN, 2023.06.06.

7 소가 차보다 온실가스 많이 배출?…소는 왜 누명을 썼나 / 한겨레, 2023.01.19.

8 Danone partners with Farm Powered Strategic Alliance / FoodBusinessNews, 2023.07.09.

9 Danone North America Joins National Movement to Turn Food Waste into Renewable Energy / VANGUARDRENEWABLES, 2023.09.06.

10   알프로(Alpro)는 다논이 화이트웨이브를 인수하며 함께하게 된 브랜드이다.

11   "나무 우유 드셔보세요" 조롱까지⋯美 뒤흔든 '세기의 논쟁'/한경글로벌마켓, 2024.02.06.

12   미국, 식물성 대체음료 '우유' 표기 논란 여전 / 축산신문, 2024.02.21.

13   풀무원 나소야, 미국 비건인 입맛 잡았다⋯2년 연속 '넘버2' / THE GURU, 2024.07.16.

14   What is the environmental footprint for social media applications? / Greenspector, 2021.10.26.

15   데이터센터가 온난화 주범? '열과의 전쟁' 나선 IT 기업들 / 동아일보, 2021.06.05.

16   AI 시대, 재조명 받는 원자력⋯5년 내 '원전 53기' 전력량 필요 / 아주경제, 2024.05.27.

17   https://www.terrapower.com/

18   [그린 데이터센터 세우는 IT기업] 페이스북이 세운 전세계 '자연에너지' 데이터센터 18곳 / 녹색경제신문, 2021.12.02.

19   스웨덴 철강 도시를 첨단 도시로⋯'페이스북 효과' / IT조선, 2018.05.08.

20   마이크로소프트, 9년간의 수중 데이터센터 실험 마무리⋯상용화는 아직 / 글로벌이코노믹, 2024.06.24.

21   2023 클라이밋 테크 스타트업 서밋의 '기후 솔루션으로서의 AI(How AI Connect to the Climate Solution)' 기후모니터링과 재난예측 세션 중에서

22   IBM, 기후 적응에 590억원 투자한다⋯현금 및 기술 지원 병행 / 임팩트온, 2023.03.14.

23   전남도, '스마트빌리지 확산사업' 선정⋯AI 융복합 기술로 해양쓰레기 수거 / 전자신문, 2024.10.23.

24   "최종 테스트 남은 'AI 기상청'⋯들쑥날쑥 일기예보 잡을까" / 지디넷코리아 2024.08.04

Part 3.

1   [2023 플라스틱 대한민국 2.0] '코로나19 시대, 플라스틱 소비의 늪에 빠지다' / 그린피스, 2023.

2   [플라스틱 지구] 곧 닥치는 탄소장벽⋯'화학적 재활용' 능사인가? / 뉴스트리, 2023.10.16.

3   레고, 바닷속에서 최장 1300년 간다 / 그린포스트코리아, 2020.03.23.

4   The Memes Are Pouring the White Claw Down Your Throat! / The New York Times, 2019.09.05.

5   White Claw South Korea Final Presentation / youtube 'Douglas Perkins', 2020.05.20.

6   Coors Light and Droga5 Opened a Plastic-Free 'Future Mart' in NYC / MUSE by CLOS, 2022.03.24.

7   1만 년 전 껌 조각으로 밝혀진 석기시대 청소년들의 식습관 / 조선비즈, 2024.01.24.

8   Liquid Death : Mike Cessario, Co-Founder & CEO / Podcast FINIES 'Hitting THE

MARK', S1 : EP17.

9 'Emmanuelle Rienda'(Founder & President at Ethical Luxury Group | Vegan Fashion Week®) Linkedin posts.

10 마이코웍스, '균사체 상업용 생산화' / TIN뉴스, 2023.08.09.

11 친환경적 패션 작업은 얼마나 가능한가? / 보그코리아, 2022.09.13.

13 Mushroom leather just got one step closer to the mainstream / VOGUE BUSINESS, 2022.01.13.

14 Cadillac and MycoWorks develop mushroom-based renewable leather / Cadillac Pressroom, 2024.06.26.

15 [오철우의 과학풍경] 버섯은 대체 가죽의 미래? / 한겨레, 2023.05.02.

16 양의 내장은 물고기 부레와 함께 중세까지 흔하게 콘돔으로 사용되던 소재였다.

17 '우리는 언제쯤 일상을 회복할 수 있을까?'(온라인 설문조사: 2020년 9월 8일부터 15일간, 서울 시민 1,000명 대상) / 서울연구원, 2020.12.22.

18 Top Global Consumer Trends 2024 'Greenwashed Out' / Euromonitor, 2024.

19 Britons angry about greenwashing, will reject guilty brands / FASHION NETWORK, 2023.05.19.

20 에어로겔은 지구상에서 가장 밀도가 낮은 고체물질로 젤에서 액체 대신 기체로 채워져 있어 단열성이 높은 친환경 소재이다.

21 Sustainable Brand Pangaia and Its 'High-tech Naturalism' / PRESTIGE, 2021.01.18.

Part 4.

1 태양광 패널 제조사인 스베아 솔라(Svea Solar)가 노르웨이 전기발전소 노르드풀(Nord Pool)에서 구입한 전기

2 [Industry Review] 1만원대 원목의자가 자전거·썰매가 된다…소비자에게 '해킹' 권하는 이케아 / 매일경제, 2022.03.17.

3 Jet lag is a choice for those who fly in private jets and sleep in queen size beds onboard. Meanwhile they emit more than a thousand times more carbon emissions than the average person in a year. / X 계정 @Jxck_Sweeney

4 Why the idea of Taylor Swift's Super Bowl jet trip is sparking controversy / The Washington Post, 2024.01.31.

5 사라진 ESG 효과…스위프트 탄소배출 논란 남긴 슈퍼볼 / ESG경제, 2024.02.14.

6 [뉴스G] 그들이 비행기를 거부하는 이유 / EBS뉴스, 2019.07.04.

7 "비행기 타면 환경오염"…요트로 대서양 건넌 10대 소녀 / 뉴스1, 2019.08.29.

절대 실패하면 안 되는 100년짜리 실험의 시작

꿀벌, AI 그리고 브랜드

초판 1쇄 발행 2025년 3월 10일

지은이 정지원 · 염선형
펴낸이 성의현
펴낸곳 미래의창

편집주간 김성옥
편집진행 이은규

출판 신고 2019년 10월 28일 제2019-000291호
주소 서울시 마포구 잔다리로 62-1 미래의창빌딩(서교동 376-15, 5층)
전화 070-8693-1719 **팩스** 0507-1301-1585
홈페이지 www.miraebook.co.kr
ISBN 979-11- 93638-64-4 (03320)

※ 책값은 뒤표지에 있습니다.

생각이 글이 되고, 글이 책이 되는 놀라운 경험. 미래의창과 함께라면 가능합니다.
책을 통해 여러분의 생각과 아이디어를 더 많은 사람들과 공유하시기 바랍니다.
투고메일 togo@miraebook.co.kr (홈페이지와 블로그에서 양식을 다운로드하세요)
제휴 및 기타 문의 ask@miraebook.co.kr